全球化背景下我国
民族体育文化发展与传承研究

李富兵 著

吉林科学技术出版社

图书在版编目（CIP）数据

全球化背景下我国民族体育文化发展与传承研究 /
李富兵著． -- 长春：吉林科学技术出版社，2019.12
ISBN 978-7-5578-6142-1

Ⅰ．①全… Ⅱ．①李… Ⅲ．①民族形式体育－体育文化－
研究－中国 Ⅳ．① G852.9

中国版本图书馆 CIP 数据核字（2019）第 232612 号

全球化背景下我国民族体育文化发展与传承研究

著　　者	李富兵	
出 版 人	李　梁	
责任编辑	端金香	
封面设计	刘　华	
制　　版	王　朋	
开　　本	185mm×260mm	
字　　数	230 千字	
印　　张	10	
版　　次	2019 年 12 月第 1 版	
印　　次	2019 年 12 月第 1 次印刷	
出　　版	吉林科学技术出版社	
发　　行	吉林科学技术出版社	
地　　址	长春市福祉大路 5788 号出版集团 A 座	
邮　　编	130118	

发行部电话 / 传真　0431—81629529　　81629530　　81629531
　　　　　　　　　　81629532　　81629533　　81629534

储运部电话　0431—86059116

编辑部电话　0431—81629517

网　　址　www.jlstp.net

印　　刷　北京宝莲鸿图科技有限公司

书　　号　ISBN 978-7-5578-6142-1

定　　价　54.00 元

前　言

　　我国民族传统体育是人们长期的生产、生活中产生和发展起的，其历史悠久、形式多样、文化底蕴浓厚，有着独特的健身和娱乐价值。随着我国社会的不断进步，我国民族传统体育逐渐被世人所知，成为人们日常健身和娱乐的项目。随之产生的体育产业也得到了发展。体育产业是一种新兴的产业，拥有相对独立的经济领域，但我国的体育产业发展史还较短，没有足够的经验，而体育产业的发展又在国家经济发展中占据着重要的地位，研究体育产业的发展有利于国家的发展。本书基于推广我国民族传统体育以及体育产业发展分析，进行一些理论性的分析。

前 言

目　录

第一章　民族传统体育文化概述

我国民族传统体育有着悠久的历史，其特点鲜明、价值独特。本章主要对民族传统体育的起源、界定与分类、特点与价值及其文化内涵进行阐述和说明。

第一节　民族传统体育的起源

一、生产劳动

生产劳动是促进原始体育活动萌生的重要因素之一。在距今有 10 万年历史的山西阳高许家窑文化遗址中，考古工作者挖掘出了古人类化石以及数以万计的石器。在这些石器中有 1500 多枚大小不一的石球。据专家们考证，这些石球是当时许家窑人狩猎所用的投掷武器。伴随着弓箭等先进战斗工具的发明和出现，人们的狩猎水平也得到了极大的提高，诸如石球等笨重的武器很少再使用。在这种情况下，石球的功能便开始向娱乐性转化。在距今 4 ~ 5 万年前的西安半坡人文化遗址中挖掘出了三个石球，这三个石球被放置在一个三四岁小孩的墓葬中，距今约有 7000 年的历史。由此可知，石球已不仅是狩猎的工具和保卫自身安全的武器，同时也被作为一种游戏流传开来。

在古代狩猎中，弓箭是一种重要的狩猎工具。东汉应劭《风俗通义·卷二·封泰山禅梁父》一书中有这样的记载："乌号弓者，柘桑之林，枝条畅茂，乌登其上，下垂着地。乌适飞来，后从拨杀，取以为弓，因名乌号耳"，由此可知，原始人可能是通过发现桑柘一类树木具有弹力，从而发明的弓箭。因此，古代的良弓亦称"乌号"。在原始狩猎时代，"乌号"的发明是一件盛事。恩格斯在《家庭、私有制和国家的起源》一书中明确指出："弓箭对于蒙昧时代，正如铁剑对于野蛮时代和火器对于文明时代一样，乃是决定性的武器。"弓箭的出现，大大提高了狩猎的效率，直至后来，人们学会了种植庄稼和饲养牲畜，狩猎开始成为人们寻求食物的次要方式，弓箭就开始成为人们显示射箭技艺的方式。因此，射箭活动开始带有体育的性质。

二、种族繁衍

种族繁衍是人类传承的大事。在古代，为了实施氏族外的婚配，在一些居住分散而又相对闭塞环境的少数民族中，往往会举行男女集体交往与求爱的节日和活动，来达到繁衍种族的目的。另外，在择偶方面，少数民族对男子的身体状况与劳动能力非常的注重，往往会通过体育竞技来让青年男子充分展示自身的智慧和力量，进而获得姑娘们的青睐，这也是少数民族传统体育起源与发展的一种重要驱力。因此，为能够直接接触创造机会显得尤为重要。很多的少数民族传统体育项目都与青年男女的社交有关，有的甚至就是为了两性的交往。例如壮族的"抛绣球"，维吾尔族和哈萨克族的"姑娘追"，苗族的"跳月"，瑶族的"踏歌"等活动。又如广西苗族、瑶族和侗族的"射弩"，在古代除了用来传信和防身外，而且还常常被作为青年男女表达爱慕之情的一种信物。

三、宗教祭祀

在原始社会，由于科学欠发达，人们对自然现象存在恐惧和不理解，懵懂地认为万物是有灵的。正是在这种情况下，原始宗教得以产生，例如图腾崇拜、自然崇拜和祖先崇拜等，以及在此基础上产生的原始巫术活动，在这些原始宗教中，图腾崇拜和原始巫术对民族传统体育产生了极为深远的影响。

据史料记载，图腾在我国上古时期就已经出现，如鸟、蛇、蛙、虎、熊等多种图腾。关于长江以南广大地区的赛龙舟活动，据说最初也是龙图腾崇拜的一种仪式。闻一多先生在《端午考》和《端午的历史教育》等文中认为，早在屈原投江之前，龙舟竞渡就已经在古越族中盛行了。为表示他们是"龙子"，古越族人有"断发文身"的习俗，而且还有乘着刻画成龙形的独木舟在水中模仿龙的姿态进行竞渡的比赛活动。除了赛龙舟之外，其他一些民族传统体育活动也有龙图腾崇拜的踪迹，例如纸龙、舞龙灯等。

原始人对自然现象的恐惧和不理解是原始巫术产生的直接原因。原始巫术认为自然界与人相互之间可以产生影响。可以通过巫术来祈祷狩猎成功、庄稼丰收、家畜强壮多产等。拔河就是一种祈祷丰收的巫术活动，人们希望通过众人的拔河之力感应农作物，使之借助这种力量茁壮成长，从而获得来年的丰收。

在原始宗教信仰出现之后，崇拜祭祀仪式也开始逐渐渗透到人们社会生活的各个方面，在生产劳动与日常生活中都要举行一定的祭祀。当遇到重大的祭日时，往往会举行非常盛大的祭祀仪式，在祭祀中，舞蹈贯穿于宗教仪式的始终，从而促进了原始舞蹈中处于萌芽状态的民族传统体育的发展。在各民族的崇拜和祭祀活动中，由于所信奉的"神灵"不同，因而祭祀中的舞蹈也不一样，譬如自命为"虎族"的彝族，在祭祖时，人们仍要身披"虎衣"，在雄浑的锣鼓声中，模仿虎的动作，翩翩起舞。又如汉族的"傩舞"、白族的"绕之灵"以及傈僳族的"飞舞"等舞蹈都是祭祀中体育活动的典型舞蹈。

四、军事战争

自进入氏族公社时期之后，各大势力内部或外部之间为了争夺生存空间或为了复仇，不断地进行战争，这些原始的军事活动也促进了民族传统体育的萌芽。

在历史上很多有关战争的记载中都有关于传统体育的萌芽记载。例如《管子·地数篇》记载："葛芦之山，发而出水，金从之出，蚩尤受而制之，以为剑铠矛戟，是岁相兼者诸侯九"。又如《述异记》记载："轩辕之初立也，有蚩尤兄弟七十二人……与轩辕斗，以角抵人，人不能向，今冀州有乐名蚩尤戏。其民两两三三，头戴牛角而相抵。"从这些传说中大致可知，角抵，即后来的摔跤、角力、相扑等运动最早起源于蚩尤。虽然这些传说不一定是真实的历史，但蚩尤部落改进了原始兵器则是可能的。原始兵器往往是模仿兽角、鸟嘴的形状的基础上制造的，伴随着战争规模的扩大和频繁爆发，又出现了石弹、石刀、石斧和石铲等专门武器，以及石或骨制的标枪头和弓用的矢镞等武器。

从很大程度上来说，战争的出现促进了武器和战斗技能的发展，同时也让人们更加重视对战斗人员的身体训练和军事技能训练。例如南朝梁人宗懔《荆楚岁时记》、引刘向《别录》中的记载："蹴鞠，黄帝所造，在练武士，本兵势也"。由此可知，蹴鞠就是一种为了训练将士而被创造出来的一项运动。

五、经济活动

在民族传统体育的萌生过程中，经济活动也起到了非常重要的作用。在自然经济时代，由于多方面的原因，散居在山区各村寨的少数民族一般在节日里才会有相聚的活动。许多传统的节庆集信仰、娱乐、社交、经济等多种功能于一体，这些节日是商人们进行交易的大好时期。有些体育活动及其节庆本身就是商人们出于商业活动的需要而创造出来的。例如侗族的"抢花炮"，被称为"侗家橄榄球"，是流行于湘、黔、桂的独具特色的侗族传统文化体育活动。在节庆期间，村民卖掉自己的土特产，同时买回日常生活用品，因此，花炮节促进了人们的经济活动。

六、教育传承

教育是一种将自身生活经验传承给后代人的主要方式。原始教育最初与生产过程是一体的，也就是在生产劳动实际过程中进行的简单生产技能的传授。

最早的文字（记事符号）、信仰、风俗习惯等都是在氏族公社时期出现的，教育内容也逐渐变得复杂。关于氏族公社时期的教育，毛礼锐在其《中国古代教育史》中提到"氏族公社成员除在生产实践中受教育外，还在政治、宗教和艺术活动中受教育。他们参加选择领袖、讨论公共事务以及宗教等社会活动，利用游戏、竞技、唱歌、舞蹈、记事符号进行教育，利用神话与传说作为材料和手段"。在这个时候，教育是在劳动之外进行的，开始用模拟化的劳动动作代替直接传授劳动技能的活动，并且融入了大量的由人设计的各种动作和活动形式。由此可以推断出原始教育中包含着大量的体育内容，并且这些体育内容带有明显的地域性特征。因此，在各个民族的原始教育中，都包含对各自独特的传统体育内容的学习和利用。

七、健身娱乐

对于人们来说，从事民族传统体育活动最基本和最直接的价值追求就是健身娱乐，在这种目的的驱使下，各族人民创造出了多种多样的有益于健康和身心愉快的民族传统体育活动。相较于从生产劳动、宗教祭祀、军事战争中衍生出的民族传统体育模式来说，健身娱乐更多的是源于人们的创造。

古代民间的娱乐活动多种多样，广大民众通过自己的双手和智慧创造出了各种戏曲、舞蹈、杂技以及丰富多彩的民族传统体育，以此来丰富生活，增进身心健康。例如宋代市民十分喜爱踢毽子的体育活动，在当时的临安城就有专门制作毽子的手艺人。明代《帝京景物•卷二•春场》中关于踢毽子有这样的记载："杨柳儿活，抽；杨柳儿青，放空钟；杨柳儿死，踢毽子；杨柳儿，发芽儿，打拨儿。"由此可知，当时的民间娱乐健身活动是十分活跃的。这是人们根据自身的娱乐目的、借助一些外部自然条件和其他生产劳动成果或经验而创造出来的。

在体育游戏中，很多儿童游戏得以产生的原因都是健身娱乐需要。相较于成年人，儿童在好奇心、游戏欲和创造力方面要强一些，他们往往能够创造出一些形式活泼、内容新颖的体育游戏。例如备受儿童喜爱的"老鹰捉小鸡"的游戏，在激烈的"老鹰"和"小鸡"的较量中，儿童获得了娱乐身心的效果。又如山东民间的"老虎叼羊"、广西仫佬族的"凤凰护蛋"等儿童游戏，也都是一种对现实生活的联想和创造。总而言之，这些儿童游戏往往是为了满足儿童娱乐玩耍的需求而创造出来的，都具有很好的健身效果。

可以说，人们创造娱乐活动的最终目的就是对娱乐活动的需求。值得强调的是，只有具有身体活动特色鲜明、身体活动能力影响游戏成效的活动，才被称为体育游戏。

第二节　民族传统体育的界定、内容与分类

一、我国民族传统体育的界定

由于不同的研究者对民族传统体育的概念有着不同的理解，因而对民族传统体育的概念并没有一个统一的认识。在1989年由人民体育出版社出版的《体育史》一书中，其把

民族传统体育界定为近代以前的体育竞技娱乐活动。《民族体育》认为民族体育是指具有民族特色的体育活动；《体育人类学》认为民族传统体育是某一个或几个特定的民族在一定的范围内开展的，还没有被现代化，至今还有影响的体育竞技娱乐活动。也有学者把民族传统体育界定为在中华大地上产生并流传至今的，和在古代由外族传入并生根发展且有中华民族传统特色的体育活动。还有一些学者将少数民族传统体育简称为民族传统体育或民族体育。

综合以上观点，我们认为民族传统体育是指在中华民族不同历史时期，不同地域产生开展的传承下来的具有浓厚民族传统特色的各种体育活动的总称。

二、我国民族传统体育的内容

我国的民族传统体育在五千多年的发展历程中逐渐形成了丰富多彩、各具特色的传统体育项目。据1990年《中华民族传统体育志》统计，我国已搜集到的55个少数民族的传统体育项目有676项，汉族民间体育项目有301项。其主要内容包括武术、引导术、民间体育游戏、少数民族传统体育等。

（一）武术

武术是一项注重内外兼修的中国传统体育项目，其主要内容为攻防技击，以套路演练和搏斗对抗为运动形式。不管是对抗性的搏斗运动，还是势势相承的套路运动，都是以中国传统的技击方法为核心。武术是传统武术与传统文化结合的产物，伴随着传统武术的产生和发展，其文化属性在社会中有着诸多的价值角色。武术的体育属性非常的明确，其内涵主要涵盖了古代哲学、兵学、导引养生学、中医学、美学、气功等学科领域的理论成果，并与整体观、阴阳变化观、形神论、气论、动静说等相结合，注重内外兼修，被誉为"博大精深"的文化体系。传统武术发展成现代体育项目，其健身价值就显得更为突出。即便是一些由两人直接进行身体对抗的项目，如太极推手、散手等，也能使练习者在规则的限制下通过掌握一些身体运动的技能和方法，达到强身健体的目的。

1. 武术的概念

在武术产生和发展的历程中，不同的历史时期对武术有着不同的表述。但是武术的本质属性——技击性，却始终没有变化。早期武术被称为"手搏""白打"，这两种表述突出的是武术的搏斗、击打的特性；在春秋战国时期被称为"技击"，又饱含了技术的特征；汉代出现称为武功、武艺，则又分别饱含反映武术本质属性的技艺和功力；在清初又借用南朝《文选》中"偃闭武术"中的"武术"一词；民国时期称"中国武术"为"国术"；在新中国成立之后仍沿用"武术"一词。

《中国武术百科全书》对武术的定义是这样解释的："武术是以技击动作为主要内容，以套路和格斗为运动形式，注重内外兼修的中国传统体育项目。"该定义包含了两层含义：

一是以技击动作为内容的体育项目；二是注重内外兼修的中国传统体育项目。

2.武术的内容与分类

武术是一种极受人们喜爱的体育项目，各民族的武术有着各自的风格和套路。"击"和"舞"是武术运动的两个显著特点，其内容主要表现为："击"即"技击"，也就是从徒手搏斗的拳术发展为搏击敌人的武艺，在民间有着根深蒂固的传统；"舞"即"武舞"，也就是现在流行的套路形式，它与"技击"的搏击性有一定的差异。

（1）根据武术的运动形式，可将武术分为套路运动和搏斗运动两种类型。

（2）根据武术的功能，可将武术分为竞技武术、健身武术、实用武术和学校武术四种类型。

套路运动是以技击作为素材，以攻守进退、动静疾徐、刚柔虚实等矛盾运动的变化编成的整套练习形式。根据套路的演练形式，又可将套路运动分为单练、对练和集体演练三种类型。

搏斗运动是指两个人在一定条件下，按照一定的规则进行的斗技、斗智的对抗性实战形式。目前，被列为竞赛项目的主要有散打、推手等。

（二）导引术

导引是指以肢体活动为主，并配合呼吸吐纳的一种运动方式。"古代的康复体育运动即为导引"，导指宣导气血；引的本义是开弓，引申为伸展，伸展肢体之义。导引术最为显著的特点就是意、气、形三者合一，其既是一种中国传统的养生术，也是一种体疗方法。导引术在秦汉时期取得了很大的发展，在《淮南子》一书中就已经有关于利用模仿动物进行养生练习的记载，其中包括"鸟伸""熊经""虎顾""猿躩""凫浴""鸱视"等，也就是所谓的"六禽戏"。1973年，湖南长沙马王堆3号西汉墓中出土了一幅《导引图》，这是迄今所发现的最早的、最完整的古代导引图解。在这幅导引图中有大量模仿动物形态的仿生类导引，从这点可以看出，我国古代体育具有仿生性。经过几千年的发展，导引术逐渐发展成为一个博大精深、特点鲜明的体育养生和医疗体系。

到秦汉以后，在先秦阴阳五行哲学思想和精、气、神等原理的影响与推动下，行气术已开始形成系统的体系。行气，又称为吐纳、炼气、服气、胎息等，这是一种是在意念指导下的呼吸锻炼方式。

很多养生学家对我国古代的一些养生功法进行深入研究和整理。除导引术、行气术之外，按摩术也逐渐成了养生活动中的一项重要内容。从形式上来看，太极拳属于武术的拳术，其具有技击的特色。但太极拳又兼有导引、行气和按摩术的特点，与武术的技击完美地结合在一起，充分地体现了中国古代养生体育的特色和发展方向。在我国民族的传统体育形式中，保健养生体育中按摩术式的流行与发展，充分体现了中华民族传统体育文化独特的民族特色。

（三）民间体育游戏

民间体育游戏是民族传统体育一个重要的组成部分，其在民间被广泛流传和开展。但是，伴随着社会的发展，很多具有民族特色的体育游戏已逐渐被遗忘，有的甚至已经消失。在游艺民俗中，游戏是最普遍、最常见、最有趣的娱乐活动。其在少年儿童和成人娱乐节目中都很流行。有些体育游戏经过发展逐渐形成了竞技项目或杂技艺术。自古以来，我国各民族各地区的民间游戏活动种类和样式繁多，许多民间游戏活动在性质、方式以及游戏者的范围等诸方面存在着某些相同或是相似之处。在这些民间游戏中，比较典型的有儿童游戏、季节游戏、歌舞观赏游戏、智能游戏、斗赛游戏等。

除民间体育游戏之外，民间体育竞技活动也是一种重要的民族传统体育活动，并且这两者之间有着非常密切的联系。在许多民间游戏中都存在不同程度的竞技特征，同样，在许多民间竞技活动项目中也存在不同程度的游戏特征。例如我国古代的传统民间竞技活动踢毽子，这一活动在北魏时期就已出现。宋代高承的《事物纪原》中指出当时毽子的形式，也说明踢毽子与蹴鞠活动的渊源关系。在宋人周秘的《武林旧事》一书中记载了4种"毽子"的基本技巧，即两脚向内侧交替的踢法"盘"；屈膝弹毽的"磕"；用脚外侧反踢的"拐"；用脚尖正踢的"蹦"。此外，踢毽子还常有花样技巧比赛，常用肩、背、腹、胸、头等身体各部位与两脚配合，做出各种姿势，使毽子经久不落地，缠身绕腿，翻转自如。这种民间赛技巧竞技活动就带有明显的游戏性质。再如跳皮筋游戏，"小皮球，香蕉梨，马莲开花二十一……"这首古老的跳皮筋童谣曾伴随一代又一代人的成长。这本是一种边跳边伴唱的游戏活动，其自娱的特点非常明显，虽然其后来逐渐发展成一种竞技活动，但仍然具有游戏的特性。在竞赛中玩耍正是我国民间竞技游戏活动的最为显著的特征。

相较于集玩耍与竞赛于一体的传统的民间竞技活动，近现代形成的体育竞技活动则是较为严肃认真的比赛。从我国古代盛行的竞技活动蹴鞠与近现代的足球比赛来看，这两者之间一脉相承，但在比赛的氛围上却截然不同。在蹴鞠比赛过程中，玩耍自娱的随意性特点非常明显，但在现代足球比赛中却根本看不到这种随意性。

如今，伴随着经济、文化的全球化，在不同层面上衍生出一定的制度文化与精神文化。虽然以竞技体育为主流的正规体育仍然制约着传统体育游戏的发展，但在世界上一些地方传统体育和新生的民间游戏已经开始对竞技体育提出了挑战。因此，在全球化的冲击下，各民族都要从自身的需要出发，在适应全球化文化发展的基础上，力图使自身民族文化适应新时代发展的需要。

（四）少数民族传统体育

少数民族传统体育主要是指生活在特殊地域的人群世代传承的表现本民族文化特色的身体活动。少数民族传统体育是各少数民族在其长期的历史发展过程中不断积累和保存下来的一种体育活动，反映了各民族意识和多方面活动的文化财富。在我国的55个少数民族中，几乎每一个少数民族，都有着自己独特的传统体育活动内容。

少数民族传统体育体现了不同社会形态的遗痕、各民族不同特征的形式，同时还反映了不同的地域特点。从文化人类学的视角看，民族传统体育活动与种族繁衍、生产劳动有着非常密切的关系。还有许多身体活动带有很强的军事性。在我国少数民族地区，其民族传统体育在其宗教仪式、婚丧嫁娶、喜庆丰收等各种节日中出现得非常频繁，这是其他文化所不能比拟的。例如我国西南许多民族的秋千和丢包、蒙古族的打布鲁、瑶族的跳鼓、哈萨克等民族的姑娘追、回族的木球、朝鲜族的跳板、苗族的划龙舟、傣族的跳竹竿、高山族的竿球、侗族的哆毽、赫哲族的叉草球、羌族的推杆等传统体育活动。这些民族传统体育项目都突出地再现了民族特色、民族心理和民族意识。

如今，少数民族传统体育经过长时间的发展，已经从传统的娱乐及其文化的附生物转变为具有独立特征的传统体育运动项目，其内涵和外延都变得更为丰富和广阔，其体育的竞技性也更为规范和鲜明。从总的趋势看，少数民族传统体育的原始宗教色彩逐渐淡化，而变得逐渐世俗化。那些特定身体活动，不仅是民族物质、精神和社会生活的重要组成部分，其同时还起着维系民族生存和团结的重要作用，并且也逐渐内化为一种民族性格的象征。

三、我国民族传统体育的分类

从总体格局上来看，民族传统体育项目呈现出多元性特征，在地域分布上则呈现广阔性特点，在社会发展方面则具有不平衡性，因此，对民族传统体育项目的分类比较复杂。我们可以按照性质、民族以及项目特点、作用和功能、地域分布等，将民族传统体育归纳成不同的类别。

（一）按民族传统体育的性质和作用进行分类

1. 竞技类

竞技类是指按竞赛规则规定的比赛场地、器械以及其他特定的条件进行的体力、技战术以及智力等方面的竞赛。其中珍珠球、龙舟、蹴球、毽球、木球、押加、秋千、抢花炮、打陀螺、武术、马术、射弩、民族式摔跤、踩高跷共14个项目被列为全国民运会的正式比赛项目。这类项目包括单人项目和集体项目，又可分为体能、竞速、命中、制胜、技艺等多种类型。

2. 娱乐类

娱乐类民族传统体育项目趣味性很强，其主要目的就是休闲娱乐。这类项目大致包括棋艺、踢打、投掷、托举、舞蹈等，其中棋艺主要指各民族棋类项目，以启迪智力为主，如象棋、围棋、藏棋等；踢打有踢毽子、打飞棒、踢沙包等；投掷有抛绣球、投火把、丢花包、抛沙袋；托举通常以托举器物或负重为主，如掷子、举皮袋、抱石头等；舞蹈有接龙舞、跳芦笙、耍火龙、打棍、跳桌等。

3.健身养生类

健身养生类项目的主要目的是健身、养生、康复和预防疾病。其项目形式有很多种，如导引、太极拳、气功等。这类项目在动作上通常比较简单、轻缓，强度较小，长期坚持锻炼，可起到增进健康和预防疾病的作用。

（二）按不同的民族所开展的项目进行分类

在我国的 56 个民族中，每一个民族的传统体育活动都有着自己的民族特色，都深刻地反映着本民族的文化。在我国的民族传统体育项目中，有些项目是某个民族独有的，而有的项目则可在多个民族中开展，众多民族在相当大的范围内难以完全趋同。因此，根据不同民族所开展的项目进行分类，有利于我们了解不同民族所开展的各类体育项目，并明确区分其各自的特点。

（三）按运动项目的形式与特点进行分类

根据运动项目的形式和特点，可以将民族传统体育项目大致分为跑跳投类、水上项目、球类、骑术、武艺、射击、舞蹈以及游戏等。其中跑跳投项目主要包括跳板、跑火把、跳马、投沙袋、雪地走、丢花包、掷石等；球类项目有木球、珍珠球、蛾球、毽球、叉草球等；骑术项目有赛马、姑娘追、刁羊、赛牦牛等；水上项目主要包括龙舟竞渡、赛皮筏、划竹排等；武艺项目主要包括打棍、摔跤、斗力、顶杠、各族武术等；射击类项目主要包括射弩、射箭、步射等；舞蹈项目主要包括跳竹竿、跳绳、踢毽子、皮筋、跳花鼓、跳房子、跳火绳、东巴跳等；游戏项目主要包括秋千、跳绳、斗鸡、打手毽等。

（四）按地域进行分类

我国幅员辽阔，在不同的地域中，其自然地理环境、社会历史和文化、经济类型、生产和生活方式、风俗习惯以及民族心理等方面都存在一定的差异，这些差异的存在，使得区域的民族体育具有各自不同的特色。为了从整体上把握民族传统体育概貌及地域性特征，可以根据我国地域分布情况分为东北地区、西北地区、中原地区、长江中下游地区、东南沿海地区、西南地区，从而可以方便地对各区域民族开展的传统体育项目进行分类。

在以上所讲的四种分类方法中，每一种方法都有自己的特点和局限性。在具体的实践过程中，可根据研究的目的和任务，来选用不同的分类方法，使我们更全面和深刻地对民族传统体育进行认识，并正确把握其发展规律。

第三节　民族传统体育的特点和价值

一、民族传统体育的特点

我国民族传统体育经过几千年的发展形成了自己鲜明的特点，其特点主要表现在以下几个方面。

（一）民族性特点

在地域、环境、人文、历史等因素的影响下，各民族的文化都形成了自己鲜明的特点，并表现出明显的差异。这些差异中体现出了不同文化特点对物质、精神、生活和社会关系等各个层次的不同影响，也就造就了不同的民族，这就是我们所说的民族性。在我国的民族传统体育中，强调人与自然的和谐，追求内外合一、形神合一和身心全面发展，以静为主，动静结合，修身养性。其中，武术和舞龙、舞狮等最具代表性。武术强调"内外兼修，形神兼备"的民族风格，追求形体和精神的同步发展；其他如风筝、龙舟、秋千、舞龙、舞狮等都具有浓郁的民族文化特色。此外，服饰、活动仪式、风俗、历史传承等方面，也能够充分体现出民族传统体育的民族性特点。

（二）地域性特点

我国各民族生活在不同的地理环境中，其在生产生活方式、文化背景等方面都存在非常大的地域差异性，也正是因为这些差异性的存在，使得各民族造就出了各具地域特色的民族传统体育运动项目。例如，"北人善骑，南人善舟"就充分反映了我国各民族之间的地理环境对生产方式和传统体育的影响。例如"草原骄子"的蒙古族，过着随草迁移的游牧生活，精骑善射，"随草迁移"形成了以骑射为特点的赛马、赛骆驼等传统体育项目；居住在青藏高原的藏族以及西南地区的其他民族，善于攀登、爬山、骑马、射箭等传统体育。在南方，气候温和，江河较多，很多少数民族善于游戏，赛龙舟活动长久不衰，等等，这些都深刻体现出我国民族传统体育的地域性特点。

（三）交融性特点

经过长期的发展，我国民族传统体育逐渐形成了一个相对封闭而又开放的独特系统。民族传统体育在不同文化模式与类型的相互碰撞和交流过程中得到了发展，并得到了进一步的融合。各民族传统体育项目之间的交流与融合体现出了民族传统体育具有交融性的特点。

通常而言，一些民族传统体育项目的产生都需要经历一个融合与交流的过程。例如冰上足球的发明。在清代乾隆年间，满族人就把足球与滑冰结合起来，发明了一种称为"冰上蹴鞠之戏"的冰上足球，并以此来训练禁卫军。此外，还有其他一些人们较为熟悉的项目，也是通过不同的交流与融合发展而来的，例如骑射是射箭与马术的结合；马球是球技与马术的结合等。

另外，民族传统体育的交融性特点还体现在民族传统体育文化与艺术的相互融合。我国少数民族能歌善舞、能骑善射，产生了技击性和艺术性相统一的传统体育项目，既强身健体又愉悦身心，达到健、力、美和谐统一。如黎族的"跳竹竿"，就融合了音乐素质和舞蹈技巧。正是因为这些体育文化与艺术的融合，使得民族传统体育具有丰富多彩的内涵。

（四）多样性特点

在我国的56个民族中，每一个民族都有自己传统的体育项目。在这些传统体育项目中，有的与种族的繁衍有关，例如，哈萨克等民族的姑娘追、羌族的推杆、朝鲜族的跳板等；有的是从生产、生活习俗的活动中发展而来的，例如，赫哲族的叉草球、草原的赛马和骑射以及江南水乡的竞渡等；有的项目是宗教习俗中的一部分；还有一些项目则直接由军事技能转化而来，例如，各个民族的武术等。正是这些不同的来源，构成了多姿多彩的民族传统体育项目，体现了我国民族传统体育的多样性特点。

在民族传统体育项目中，多样性特点也比较明显，例如舞龙、舞狮、武术、毽球、抢花炮、珍珠球、蹴球、龙舟竞渡、扭秧歌、木球、射弩、斗牛、拔河、风筝、马术、踩高跷、荡秋千、姑娘追、打陀螺、押加、赛马等，这些活动都有着自己的技术特征，从而形成了各具特色、风格迥异的运动项目。

（五）适应性特点

在内容方面，民族传统体育项目也非常丰富，从而给予人们极大的选择空间。在所有的民族体育项目中，许多项目不受时间、季节的限制，也有些项目在场地、器材上可以做到因地制宜、就地取材，还有的项目可徒手或持器械进行，这些都有利开展群众性的体育活动。正是由于民族传统体育的这种广泛的适应性特点，才满足了人们对体育的不同需求。

二、民族传统体育的价值

（一）强身健体

强身健体是民族传统体育所具有的显著功能与锻炼价值。另外，由于很多的民族传统体育项目是在民间游戏的基础上发展而来的，因此，其除了具有强身健体的功能之外，还具有较强的娱乐价值。在参加民族传统体育活动的过程中，通过全身各肢体的运动可以有效地锻炼心肺功能，提高身体各器官的能力，还可以有效地愉悦身心，减轻压力，最终达到强身健体的目的。

（二）修身养性

民族传统体育除了让人们在身体上实现强身健体外，还能够有效促进心性方面的发展，提高生命质量。例如，"导引养生术""五禽戏""六字诀""太极拳""八段锦"等是人们修身养性的最好方法和最具实效性的健身运动。

（三）文化教育

在文化教育方面，民族传统体育也具有极高的价值。民族传统体育是一种综合性的民族文化，其对人们的价值观、道德观、伦理观念、审美以及行为模式等方面都有着极为深远的影响。从整个社会的发展史来看，无论是哪个时代都对民族传统体育的教育功能比较重视。在古代的学校教育中，其内容主要是祭祀与军事。在新中国成立后，学校教育对民族传统体育的教育功能有了进一步的重视，从而使得民族传统体育在学校获得较快的发展。随着我国教育事业的快速发展，人们对民族传统体育在教学过程中的重要性也有了更为透彻的认识，对民族传统体育教育的功能与价值的研究也是越来越深入。

（四）促进社会政治稳定

在促进社会政治稳定方面，民族传统体育也具有极高的价值，其这一价值在现代社会得到了很好的体现。伴随着科技的发展，人们的社会压力也越来越大，很多人为了缓解压力，养成了诸多的恶习，例如酗酒、赌博等，这些都严重地影响了社会的治安稳定。因此，大力开展民族传统体育，让人们参与进来，不但可以让其养成健身的习惯、舒缓生活压力，亦能有效地避免人们养成不良的生活习惯，进而有效地引导良好的社会风气，保证社会政治的稳定发展。

（五）凝聚各民族精神

在我国的民族传统体育项目中，很多项目都与传统节日或者历史人物有关，通过举行这些民族传统体育活动，能极大地增强人们团结合作的精神，表现出强烈的凝聚民族精神的功能和价值。例如"赛龙舟"比赛，其在最初是源于对龙图腾的崇拜，后来又增加了纪念屈原的人物内容。从而将龙舟比赛与屈原身上的中华传统伦理道德和价值观凝聚起来，并代代相传，使后世子孙对这些民族精神产生认可，进而产生强烈的民族自豪感和自信心，也从一个侧面增加了人们的民族向心力、凝聚力和号召力。

第四节 民族传统体育的文化内涵

一、物质文化内涵

（一）民族传统体育项目本身

随着民族传统体育的不断发展，许多专家和学者越来越致力于中华民族传统体育的研究和论证，他们最终得出的结论是：民族传统体育产生于人们的需要。在这些理论研究中，梁柱平和戴文忠先生的较为有价值。梁柱平先生对民族传统体育的理解是："由于各民族所处的山川地理环境不同，从而形成了各民族的不同风俗习惯，产生了风格、形式各异的民族传统体育活动。"他认为民族传统体育是在民族中形成和产生的。而戴文忠先生对于民族传统体育的理解在《云南少数民族传统体育的起源与发展》中有所体现："云南少数民族传统体育的起源有四点：第一，人与自然搏斗中产生的体育项目；第二，人与人搏斗中产生的体育项目；第三，宗教祭祀活动中产生的体育项目；第四，娱乐活动中产生的体育项目。"

由于各民族传统体育都源于生产劳动，因而在人类的需要方面具有相似性，但是，又由于其是在不同的地域环境中形成的，因而又存在一定的地域性。

（二）运动器材、器械设备方面

在运动器材、器械设备方面，有的民族传统体育项目有较多的需求，有的基本没有需求。例如刀、枪、弓、箭等是较为常见的器材、器械，这些器械、器材经过历朝历代的逐渐改进，逐渐成熟起来，集聚了历代人的智慧。通过对这些运动器材、器械的研究，能够更好地反映出中华民族传统体育的文化内涵。

风筝是一种在我国流传极广的民族传统体育项目。其中，又数北京、天津和潍坊的最具特色。北京风筝中数金氏风筝和哈氏风筝最为出名，这两种风筝在做工和缝合方面截然不同，金氏风筝造型雄伟，画工粗犷；哈氏风筝骨架精巧，画工素整。天津风筝中，则数魏元泰和周树泰做得最好，但这两个人所做的风筝又各有特色，魏元泰做的风筝以精巧别致、生动优美见长；而周树泰则以"三百梅花竹眼硬膀蝴蝶"和汉字风筝最为具有代表性。潍坊风筝的主要特点是工艺精巧，浑厚淡雅，并且具有多种样式结构和种类，鸟兽鱼虫、花卉草木、人物百戏，皆为风筝，受到人们的喜爱。

（三）民族传统体育的文献典籍

通过各种文献典籍是当前了解和认识民族传统体育的主要方式，也就是所谓的文献资料法。不同时期的文献记载，都反映出了当时民族传统体育发展的概况。

有关民族传统体育运动项目的记载在历史的每个时期都有。其中，最早的是记载乐舞和射、御的考核内容的《周礼》。发展到近代以后，记载民族传统体育的文献资料数量也越来越多，其形式也多种多样，如图谱、秘籍，以及各种史料和地方志等。其中《中国民族传统体育志》最具代表性。这是一部对各民族体育进行记载的大百科全书。其内容丰富、详细，为我国研究民族传统体育提供了珍贵的资料，具有极高的参考价值。

（四）出土文物、壁画及民族服饰

在现今出土的各种陶瓷和壁画中有大量关于各民族早期的民族传统体育的记载。由此可知，出土文物、壁画是人们早期活动的一个佐证，具有较高的研究参考价值。在这些出土的文物中，在西安半坡村北"半坡遗址"内发现的"石球"较具代表性，这就表明在母系氏族社会时期就已经出现了"石球游戏"，这也充分说明蹴鞠活动起源于原始社会后期。此外，我国的传统节日较多，每逢盛大的节日，人们都要盛装出席，因此，民族服饰也与民族传统体育有着紧密的联系，成为体育文化重要的一部分。

二、精神文化内涵

（一）追求人与自然的和谐和统一

在自然经济和传统观念的影响下，我国的民族传统体育从整体上较为客观地描述了人体运动过程中形态、机能、意念、精神，以及这些状态与外部世界的联系。以太极拳为例，"以心会意，以意调气，以气促形，以形会神"等是对这种体育运动的形象描述。体育运动以"心灵交通，以契合体道"为最高境界。

民族传统体育有着非常丰富的锻炼内容和方式，其中将基本功练习与完整练习相结合的方法最为常用，这也在一定程度上反映了中华民族追求平衡和顺其自然的主体化思维方式。这种思想和观念在克服西方科学主义"主客之分，身心两分"所带来的科学危机中起到了非常重要的作用。但我国对传统体育促进健康方面的研究还有待进一步的深入，因此，在未来的研究中，应当在"阴阳平衡"的基础上对体育对于健康的意义进行进一步的研究，进而达到更高意义上的人与自然的和谐、统一。

（二）具有守内、尚礼、恋土的民族情结

对于民族传统体育的守内、尚礼、恋土情结，我们可以从以下几个方面进行认识与了解：

（1）在体育原理方面，主要表现在中华民族追求平衡和顺应自然的主体化思维方式上；

（2）在技术特点方面，主要是将中华民族以智斗勇、追求技巧的审美心理反映出来；

（3）在竞赛规则方面，我国的民族传统体育具有表演性的特点，并没有对动作和比赛规则进行具体的限制，在竞赛中体现的是礼让为先，点到为止，这充分体现了中华民族

守内、尚礼的人格倾向。

中国象棋就是具有这一特点的典型代表。中国象棋中的"将、帅"只能在"九宫"之内活动，不得越雷池半步，并且要在"仕、相"的护卫下完成攻守进退，而且只能够坐镇宫中进行"站、走、移、挪"，这充分反映出了"帅不离位"的恋土归根的农业民族心理。

（三）讲求伦理教化、等级思想严重、崇文而尚柔

在儒家文化思想的影响下，我国古代体育具有在目的作用上的伦理教化的价值趋向、尊卑有别的等级观念以及崇文尚柔的运动形态的特征。

在封建统治阶级和儒家先哲看来，道德需要是人的最高需要，道德价值就是最大的价值。在这一时期中，人们以做一个"内圣外王"的贤人为目标。但是，由于当时的社会对伦理教化的过于重视，使原本正常的思想观念变得扭曲，只重视道德，而忽视了其他方面，最终使得这一思想观念成了走向极端的悖谬。在这种思想状态的影响下，人们对中华民族传统体育的价值缺少全面地了解和认识，甚至连民族传统体育的健康、娱乐等价值与功能也被抹杀，这在很大程度上阻碍了民族传统体育的发展。此外，这种状况也有碍于人的身心健康发展，例如学习射礼时，就要求做到"内志正，外体直"；在进行投壶的活动时，则要做到"不使之过，亦不使之不及，所以中也，不使之偏颇流散，所以为正也，中正，道之根底也。"

在我国民族传统体育中，一直存在尊卑有别的等级观念，并且这种等级观念存在于体育的很多个方面，例如体育用品方面、体育活动的顺序方面等。在进行体育活动的过程中，需要遵循"君臣之礼，长幼之序"的体制要求，正是在这种情况下，使得体育的竞争并不公平。例如西周的射礼，射礼被分为大射、宾射、燕射三种，此外，在弓箭、箭靶、伴司乐曲、司职人员等方面也存在一定的等级区别。"秋"是围猎中的最后阶段，需要由皇帝所在的"黄帷"射出第一箭，以宣告歼兽活动的正式开始。由此可知，封建统治者有着非常强的等级观念。我国传统体育在"寡欲不争""中庸""以柔克刚""贵和"等思想观念的影响下，也表现出了相应的特征，例如力量、刚强、竞争不足，而舒缓、柔弱、平和有余。从体育的本质特征来看，其所表现出的这些特征并不是体育的真正特征，因此，封建等级观念阻碍了我国民族传统体育的发展。

（四）倡导阴柔与静态之美

在我国古代，以孔孟为代表的儒家文化给人们宣导一种"乐而不淫""哀而不伤"和"心宁、志逸、气平、体安"的思想，并且在做人上还要做到多"隐"，隐藏自己的情感而使之不外露。太极这种静极之物就是在儒家文化的影响下形成的。太极在理论上和文化上都追求静和自然，总的来说，这种静态变化的追求主要体现在追求内在美高于外在美、追求静态美高于动态美、追求封闭的系统胜于开放的系统三个方面。

我国民族传统体育有着丰富多彩的项目，例如温文尔雅的太极拳、导引养生功、围棋

等。以太极拳为例，其具有深厚的群众基础，以阴柔、轻缓的动作与内在的气势吸引了大量的国内外人士。太极拳要求"形不破体，力不尖出""有退有进，站中求圆"，在技术动作方面，则要求趋向于"拧、曲、圆"的内聚形态，在切磋、交手的过程中，则要求做到"声东击西、避实就虚、守中有攻、就势借力"。太极拳的这些要求充分体现了中华民族以智斗勇、追求技巧的审美心理。

（五）功利观较强，对休闲娱乐体育偏见较深

在我国古代，"万般皆下品，唯有读书高"一直是社会的主流思想，大多数人都想步入仕途、高官厚禄、平步青云。在这种科举制、八股取士的时代，知识分子们都几乎将所有的精力放在故纸堆中，皓首穷经。在这种情况下，学子们所学的内容都是为了考试，要考什么就去学什么，而对这些学习内容是否有用却并不关心，这种强烈的功利观，极大的影响和制约了娱乐休闲体育的发展。在汉代，一些知识分子提出了"去武行文，废力尚德"的观点，并且批判了提倡"角抵戏"的做法，他们认为这是"玩不用之器"，也有一些儒生认为蹴鞠费力劳体，违背了"君子勤礼，小人尽力"的古训，因此，便提出了用其他合于礼仪的"雅戏"来取代体育活动的主张。

总而言之，我国古代这种抵制和反对娱乐休闲活动的价值观念，影响了人们选择体育运动形式的意向，使人们对娱乐休闲活动产生了偏见，这些都阻碍了我国民族传统体育的发展。

（六）群体价值本位

在我国传统文化中，一直推崇的是尊尊亲亲的宗法观念，这一观念的基本特征是把尊尊亲亲的价值观念，以家庭、家族为本位外推，将其扩大和延伸到整个社会群体之中，长此以往，就导致了中国传统文化的价值取向为以社会群体为本位。在这样的价值取向的影响下，民族传统体育中以个人为基础的竞争就无法得到充分的发展，这也在一定程度上限制了民族传统体育的发展。

三、制度文化内涵

（一）中国古代体育体制的共性特点

我国古代体育在体制方面都有相通的地方，其主要表现在重文轻武、民族传统体育受传统教育的束缚而变得扭曲两个方面。

1. 重文轻武

重文轻武的思想观念在一定程度上阻碍了我国民族传统体育的发展。自汉武帝"罢黜百家，独尊儒术"之后，儒家思想便处于思想统治地位。汉朝改变了当时的取士标准，设立了太学。在官学中，其所教的内容大多是文治方面的，涉及武艺的教学内容很少，到后

来则基本上被排除了，并且形成了重文轻武的学风。这一学风的出现极大地影响了当时的社会风气，如"彬彬多文学之士""金银满赢，不如一经"。到两汉以后，重文轻武的思想更为严重，南朝时，国民的身体素质已大不如前，"肤脆骨柔，不堪行步；体赢气弱，不耐寒暑，其死仓猝者，往往而然"是对许多贵族子弟最为形象的描述。至北宋以后，在宋明理学以及八股取士制度的影响下，重文轻武之风发展到极盛。

总而言之，在儒家思想的影响下，整个封建社会以"经学"取士的用人标准，在一定程度上阻碍了我国民族传统体育的发展。此外，教育的非理性特点也在一定程度上阻碍了我国民族传统体育的发展。

2.民族传统体育受传统教育的束缚而变得扭曲

到两汉以后，儒家的"礼乐观"和重在伦理教化的错误价值取向都对我国民族传统体育产生了重要影响。前者造成了"重功利，轻嬉戏"的社会思想倾向。从儒家学者的观点来看，体育是成德成圣的手段，不能任其发展，应该加以制约。射礼就是一个典型的代表，射礼要求射者"内志正，外体直，然后持弓矢牢固，然后可以言中"。后来，这种思想发展到了除统治者不能随意进行体育活动。至此，体育运动具有了等级性的特点。

总而言之，在封建社会思想观念和统治阶级的影响下，我国民族传统体育被戴上了"等级"的帽子，使我国古代体育不能正常的发展。由此可知，封建社会的束缚以及封建思想的禁锢也制约了我国古代传统体育的发展。

（二）中国古代不同历史时期体育体制的差异

1.夏——春秋时期

在夏——春秋时期，体育的发展进一步具体化。其主要原因包括以下几个方面：

（1）生产和分工的发展、文字和学校的产生、宗教制度的形成等。体育的具体化，主要体现在体育形式呈现出多样化，例如军事、学校、娱乐、保健等。

（2）在国家军队中，体育也具有非常重要的作用和地位。这主要体现在士兵的日常身体训练方面，以"田猎"与"武舞"为学习的主要内容。《礼记·月令》对当时的军队训练有这样的记载："天子易教于田猎，以习五戎，班马政。"其中"五戎"是指五种兵器，即弓、矢、殳、矛、戟，"马政"是指驭马技术。武舞的基本内容是"教坐、作、进、退、疾、徐、疏、数之节"。

2.战国——三国时期

在春秋战国时期，贵族统治阶级不再是军事局面的唯一掌控者，这在很大程度上推动了军事体育的发展。战国时期，国家对兵种的划分更加具体化，从而对军队的训练方法也有了新的要求，逐渐运用专门分类训练来训练军队。军队的技击技术逐渐规范系统，武艺水平迅速提高。到春秋战国以后，军队体育的发展也在一定程度上推动了娱乐体育的进一步发展。在这一时期，出现了很多受到人们喜爱的娱乐体育项目，例如蹴鞠、围棋、射箭、弹棋、斗兽、投壶、击鞠、赛马、风筝、竞渡、秋千、民间舞蹈等。到了汉朝，人们对"百戏"的发展开始逐渐重视起来，并在其发展、兴盛的同时，带动了我国各项运动形式的发展与竞技形式的演进，具有非常重要的意义和影响。秦汉时，盛行宫廷和民间乐舞，方仙术和行气养生术也获得了较大的发展。

3. 西晋——五代时期

我国古代体育在西晋——五代时期盛况空前，在这一时期，一些阻碍我国传统体育发展的体制被废除，并且实行了一系列推动体育发展的有效措施，这在很大程度上促进了体育，特别是武术的发展。到魏晋以后，玄学、佛学以及北方少数民族习俗在一定程度上遏制了传统儒学的"礼乐观"发展，在这一时期，唐朝武举制的创立在很大程度上促进了军事体育的发展，并且还形成了尚武风气。武术在这一时期也得到了较大的发展。到了隋唐，社会政治稳定，经济得到了进一步的发展，逐渐形成了全国的传统节令活动，休闲体育活动也得到了良好的发展。

4. 北宋——清时期

在北宋——清时期，在宋明理学和"八股"取士制度的影响下，重文轻武的社会风气开始盛行，这严重阻碍了我国民族传统体育的发展。但可喜的是，军事体育和学校体育在这一时期还是取得了一定的发展。例如，宋代出现了专门的军事学校武学，并且将学习内容分为理论和实践两部分，除此之外，还实行了严格的升留级制度。宋代通过考试来选拔军官。另外，这一时期实行的教法格、教头保甲制，也推动了军事体育的发展，进一步促进了民间习武的传播和普及。到宋代以后，武术运动出现了一个较好的发展势头，并且形成了一个较为独立的体系。此外，在这一时期，休闲娱乐体育也有了较好的发展，例如瓦舍、社等。到宋明以后，由于娱乐休闲体育的冲击，民族传统体育活动只能在原有的轨道上前行，无法冲破旧体系的束缚。宋元明清时期，养生术、炼养术、导引术等获得了一定程度的发展。

第二章 民族传统体育文化资源

第一节 民族传统体育之武术实践

武术是我国民族传统体育项目的重要组成部分，以其独特的健身价值和文化为世人所熟知。

一、武术运动的特点及其形成原因

武术是一种社会存在方式，是民族文化载体之一。它属于体育，但高于体育。从广义的体育讲，武术也在其中；但从狭义讲，西方体育在解剖学的基础上，以机械唯物论为基础，而武术是建筑在辩证唯物主义基础上，把人当作统一的有机体。武术运动属体育概念，武术高于现代我们所说的西洋体育，武术是一个具有体育属性的复杂体系。

自新中国成立以来，武术成了社会主义体育事业的一个重要组成部分，党和政府非常重视和关怀民族传统体育，因而武术运动得到了蓬勃发展。武术发展至今，体育的功能日显突出，归属体育部门来管理和发展它，又使其内容、形式和手段的体育化特点更强。武术运动的体育属性是武术的一个重要方面。

首先，我们认为，武术运动具有一般体育项目所共有的属性，这是武术能在当今世界继续存在和发展的基础；但武术却不仅仅是一个体育项目，因为它还具有一般体育项目所不具备的功能与特性，是一个内涵与结构比一般体育项目复杂得多的多成分、多功能的复合体。比如：武术作为体育，既有套路，又有散手，既有竞技的，又有健身的，内容非常丰富。武术作为文化，有武术电影（武打动作片）、武术戏、武术舞、武侠小说甚至武术音乐等。武术理论同东方哲学、美学思想都有关系。武术作为经济，有武术服装、武术鞋帽、武术器材等等。可谓博大精深，武能多样。

因此，武术和武术运动是两个不同的概念。常常有人认为武术就是武术运动，其实是一种误解。

（一）武术运动的特点

武术运动是武术体系中的一个重要组成部分，它作为众多体育运动项目中的一个项目，其产生和形成机制必然带有体育运动项目产生和形成的一般规律特征。然而，武术在发生和发展过程中，由于受到其母体文化中各种文化因素的不同影响，武术运动又形成了不同于其他体育项目的独特性质，概括起来主要有以下两点：一是"寓技击于体育之中"的民族特色，二是"内外合一，形神兼备"的民族风格。

1."寓技击于体育之中"的民族特色

寓技击于体育之中，是武术运动的特点，有两层含义。

（1）武术运动中含有丰富的中国传统技击术

马克思主义认为，人类生产劳动是最基本的实践活动，是决定其他一切活动的。武术运动的产生，从一开始便是由生产所决定。在距今一百多万年前的"原始群"时代，"人民少而禽兽众"人为了生存，不得不到处流动，人与兽斗，人与人斗，从事采集和狩猎，"同与禽兽居，族与万物并"。经过漫长的岁月，逐步从本能的拳打、脚踢、躲闪、跳跃、摔跤等过渡到有意识的技击术，这便是武术运动的萌芽。

到了氏族公社时代，部落与部落之间开始经常发生战争，原始形态的武术运动便和军事技艺紧密相连："民物相攫而有武术矣""不富以其邻，利用侵伐，无不利"。在战争中，远则用了弓箭、投掷器，近则以棍棒、长矛、刀斧击打、劈、砍、刺、扎，战斗非常激烈，此时运用于军事的武术运动的技击特点显而易见。

当然，技击并不是中国独有的，它是人类从本能需要到文明需要必然出现的技能和文化。国外的角斗、拳击、击剑、泰拳、空手道、桑勃、摔跤等等，也都具有攻防属性。不妨说，原始形态的武术运动与同时期世界各地的武技几乎无大的区别。重要的是华夏民族长期以来，在自己的土地上，以自己的实践，按照自己的需要，总结出了自己的传统技击术，诸如踢法中有蹬、踹、铲、截、弹、缠、扫、点、踩、撅等，打法中有冲、撞、挤、靠、崩、挑、劈、砸、贯、撩、盖、鞭、抛、抄、钉、砍、插、穿、标等；踢打摔拿击刺六法中都有着丰富的技击法，各地域、各拳种又不尽相同。此外，武术中的擒拿法、快摔法、桥法、十八般兵器的击法等等，均有独到之处。

所以说，武术运动中含有丰富的中国传统技击术。

（2）武术运动是中国传统体育项目

从发展史的角度看，武术运动最初作为军事训练手段，与古代军事斗争紧密相连，它的技击作用，一开始就被人们所重视："齐人隆技击，其技也，得一首者，则赐赎锱金"。且武术运动的体育性也不是今日才出现。"搏刺强士体"，意即击剑、搏斗除了较量武艺外，也有增强体质的作用。

秦汉以来，统一的多民族国家使人民在较长时间内处于相对安定的环境，为武术运动由单纯军事技术向竞技方面的发展创造了有利条件，角抵和手搏比赛在此时还有了裁判，有明显体育性的武术得到长足发展。

这不仅由于百年来人们从文化需求和社会功能角度出发，将其视为健身强体、提高素质的手段，发挥它的体育功效；也由于近代以来，它在军事训练中的作用减少，而体育功能逐步增强。在近代文明兴起体育的时代，更向体育项目转变。尤其是新中国成立后，党和政府明确武术运动为体育项目，开展普及和竞技比赛，竞赛法和规则使武术运动的套路和散手摒弃那些致伤、致残、致死的方法，更明确地表现出了它的体育属性。

传统是一个发展的范畴，它具有由过去出发、穿过现在并指向未来的变动性，它的活力就存在于它的动态变迁之中。以这种发展的观点来看待中国武术运动，从具有突出的技击特性到日益体现其体育性，历经了千百年的悠久历史，而成为一项优秀的中国传统体育项目。

总之，武术运动作为中国传统体育项目之一，技术上仍不失攻防技击的特性，将技击寓于套路和搏斗之中；而不是像当代体育运动中的有一些项目，比如体操早已从近代体操的创始者德国的杨氏和瑞典的林氏所倡导的带有特定反对外来侵略，反对拿破仑席卷欧洲，争取祖国解放和独立所具有的浓厚军事色彩的体操，演化为以全面发展身体素质，增强人体各器官功能，使全身协调发展为目的的现代体操。

事实证明，"寓技击于体育之中"是中国武术运动的一大特色。

2."内外合一，形神兼备"的民族风格

既究形体规范，又求精神传意，内外合一形神兼备的整体观，是中国武术运动的又一大特色。

所谓"内外"，就人体而言，内指心脏器官，外指形体四肢；就其行为而言，内指心精、气神等无形物质，外指气、力、功等外在表现，内外是相互联系的统一整体。

所谓"形"是指，一个或一系列的武术动作，总是由人体的四肢、躯干以不同的运动方式来完成的，这就构成了外在的"形"；并且还要通过这个形来表现出动作的精神实质内容，即所谓内在的"神"。

"合"字有协同、共同的意思，而"和"字也有和谐、协调的意思。"协者和也""协"本身就有"和""合"的含意。动作协调配合是人的一种本能，又是人们对动作有意识地培养和训练，达到完美的一种能力。

武术运动"内外合一，形神兼备"的特点主要表现在以下两个方面：

第一，通过对练功的要求来体现。武术运动内容丰富，流派众多，各家各派都有不同的练功方法，但是"内练精气神，外练筋骨皮""内外合一，形神兼备"则是武术各家各派的共同准则。以拳种为例来看，太极拳主身心合修，练功时须"以心行气，以气运身""先在心后在身"，并提出"其根在脚，发于腿，主宰于腰，形于手指，由脚而腿而腰，总须完整一气"的理论。形意拳讲究"内三合，外三合"，即肩与胯合，肘与膝合，手与脚合，心与意合，意与气合，气与力合，"心意诚于中，万物形于外，总是一气之流""以腰催胯，以胯催膝，以膝催足，以肩催肘，以肘催手，以手催指"，形与意，内与外，周身上下无处不合。六合拳则是"手与眼合，步与身合，智与力合"。练器械也同样讲究手、眼、身、心、步与器械协调配合。如刀术讲究配合，拳谚说："单刀看手，双刀看走"，练习中特别讲究刀的运动必须与左手的密切配合，使刀术动作做到和谐、衡稳、有力。

第二，通过武术的技法（武术演练的技术要求和技巧方法）来实现。武术套路在技术上往往要求把内在的精气神与外部形体动作紧密结合，完整一气，做到"心动形随""形断意连""势断气连"。武术运动的演练也总要求运动员全神贯注，手眼相随，上下协调，意识呼吸与动作配合。如吴殳在《手臂录》中有关枪的演练技术要求的技巧方法中说："枪之用在两腕，臂以助腕，身以助臂，足以助身乃合而为一"。剑术技法，贵在意势令通，三体同功身械如一，方能达到术中求艺、以意导术、气韵生动的境地。

所以说，不论是从武术运动的练功法还是技法来讲，无不体现"内外合一，形神兼备"的风格。而正是中国武术运动的这种追求"内外合一，形神兼备"，使得其区别于国际武坛上以凶狠而著称的泰拳、空手道、西洋拳击等等，而形成具有浓郁民族气息的风格特点。

综上所述，我们认为武术运动既具有现代一般体育项目所共有的属性，如都是通过人自身的体姿变换和体位变动实施或实现对人自身改造的人体活动，又具有"寓技击于体育之中"和"内外合一，形神兼备"的特点。

（二）武术运动特点形成的原因

辩证唯物主义认为，任何事物的发展变化都离不开内因与外因的作用，而且指出了内因是变化的根据、外因为变化的条件的事物发展变化规律。

毫无疑问，产生于原始生产劳动和部落战争的源远流长的中国武术运动，几千年来历经无数磨难而不衰的发展变化过程也是遵守这条规律的。我们认为，内因是中国传统文化和中国传统文化中不同文化因素对其的支持作用，外因是社会对其的需求。

首先，中国武术运动产生于中国传统文化的土壤。几千年的中国传统文化孕育它成形，养育它成长，促进它不断发展、完善。从总体来看，武术运动的理论受中国哲学影响较多；武术运动健身法受中医养生术影响较多；武术运动表演术受古代武舞影响较多。而作为武术运动指导思想的传统哲学在根本上是不同于西方哲学和印度哲学的。在东方，原始氏族社会那种人与自然的、直接的、统一的关系被保存了，自然被看作是同人类生活不可分离地、天然地联系在一起的东西；而在西方的古希腊，人与自然的那种原始的、不可分的、统一的观念被打破，人开始清楚地意识到他与自然的差异、对立和矛盾，并力求克服这种矛盾，而不再简单地、直接地依赖自然。中国武术运动正是在这种迥然有别于西方文化的中国传统文化的总体氛围中孕育，受到"天人合一""知行合一"观的影响。这些都明显地区别于泰拳、空手道、西洋拳击而形成了"内外合一，形神兼备"的独特民族风格。

如果说中国传统文化和传统文化中不同因素对武术运动起支持作用，使其独具风格，那么随着历史的前进，社会对中国武术运动的需求则使其具备"寓技击于体育之中"的时代特征。比如，古时武术与军事尚未截然分开，人们强烈要求武术家的真功夫时，武术运动便表现出极强的技击目的；而今天，武术运动被确定为体育项目，对武术运动的要求则是遵守套路技术规范和比赛规则，准确按时地完成各项动作，把精、气、神体现出来，把健、力、美表现出来。

总之，武术运动在母体文化的滋养和规范中成长，以母体文化为背景和依托，来适应社会的不同需求，并在满足社会需求的同时谋求自身的发展。

人类历史上一些很基本的技术，正是从中国这块土地上生长起来的，只要深入挖掘，就可能找到更多更有价值的东西。我们深信，既具有现代一般体育运动项目的共性，又有"寓技击于体育之中"和"内外合一，形神兼备"的个性的中国武术运动将更加璀璨夺目，熠熠生辉于世界体育之林。

二、武术运动的基本功

（一）肩功

1. 压肩

练习方法：开步站立于肋木或一定高度的物体前，用双手抓握肋木，将上体前俯并做下振压肩动作；或者两人面对面站立，互相扶按肩部，做体前屈振动压肩动作；还可以由助手协助做搬压肩部的练习。

动作要点：挺胸、塌腰，两臂、两腿要伸直，振幅逐步加大，压点集中于肩部，逐渐增加外力。

2. 握棍转肩

练习方法：将两脚开立，双手之间保持一定距离，在体前正握木棍。以肩关节为轴，将两臂由体前经头顶绕至背后，然后再由背后经头顶绕至体前。

动作要点：在转肩时，双臂不能弯曲，可以根据自身情况调节两手握棍的距离，由宽到窄。

3. 臂绕环

（1）单臂绕环

身体成左弓步姿势，将左手按在大腿上，或者将两脚开立，左手叉腰，然后将右臂上举，由上向后、向下、向前绕环一周为后绕环。将右臂由上向前、向下、向后绕环一周为前绕环。在练习过程中，可左右臂交替进行。

动作要点：手臂要伸直、肩放松、贴身划立圆，逐渐加速。

（2）双臂前后绕环

练习方法：将两脚开立，与肩同宽，将两臂垂于体侧。左右两臂依次由下向前、向上、向后做绕环。重复几次后，再做反方向绕环。

动作要点：松肩、探臂，两臂于体侧成立圆绕环。

（3）双臂交叉绕环

练习方法：将两脚开立，两臂伸直上举，左臂向前、向下、向后；右臂向后、向下、向前，同时于身体两侧划立圆绕环。重复几次后，再做反方向绕环。

动作要点：上体放松，协调配合两臂绕环，两臂于体侧成立圆绕环。

（4）仆步抡拍

练习方法：将两脚开立，上体左转成左弓步，同时右掌向左前下方伸出，左掌心向里，插于右肘关节处；上动不停，上体右转成右弓步，同时右臂由左向上、向右抡至右上方，左掌下落至左下方；上动不停，上体右后转，同时右臂向下、向后抡臂划弧至后下方，左臂向上、向前抡至前上方；上动不停，上体左转成右仆步，同时右臂向上、向右、向下抡臂至右腿内侧拍地，左臂向下、向左抡臂停于左上方。双目注视右手。练习时左右交替进行。

动作要点：两臂伸直，向上抡臂贴近耳，向下抡臂贴近腿，以腰带臂。

（二）腿功

1. 压腿

（1）正压腿

练习方法：并步站立于肋木或一定高度的物体前。将左腿抬起，脚跟放在肋木上，脚尖勾紧，两手扶按膝上。将两腿伸直，立腰、收髋，上体前屈，向前下做压振动作。练习时左右腿交替进行。

动作要点：直体向下振压，逐渐增大振幅，以前额、鼻尖触及脚尖，然后过渡到下颌触及脚尖。压至疼痛时，进行耗腿练习。

（2）侧压腿

练习方法：站立于肋木或一定高度的物体侧面，以右腿为支撑腿，并将脚尖外展，左脚跟放在肋木上，脚尖勾紧，右臂上举，左掌附于右胸前，上体向左侧压振。练习时左右交替进行。

动作要点：立腰、展髋，直体向侧下压振。

（3）后压腿

练习方法：背对肋木或一定高度的物体站立，将左脚背放在肋木上，脚面绷直。两手叉腰或扶一定高度的物体，上体后屈并做振压动作。练习时左右交替进行。

动作要点：挺胸、展髋、腰后屈。

（4）仆步压腿

练习方法：将两脚左右开立，右腿屈膝全蹲，左腿挺膝伸直，脚尖内扣。两脚全脚掌着地，两手分别抓握两脚外侧。练习时左右交替进行。

动作要点：挺胸、塌腰、沉髋，臀部尽量贴近地面。

2. 搬腿

（1）正搬腿

练习方法：以右腿为支撑腿，将左腿屈膝提起，右手托握左脚，左手抱膝。然后左腿向前上方举起，挺膝，脚尖勾紧。也可由同伴托住脚跟上搬。练习时左右交替进行。

动作要点：挺胸、立腰、收髋。根据训练水平逐渐提高上搬高度。

（2）侧搬腿

练习方法：将右腿屈膝提起，右手经小腿内侧托住脚跟，然后将右腿向右上方搬起，左臂上举亮掌。或由同伴托住脚跟向侧搬腿。练习时左右交替进行。

动作要点：两腿伸直，挺胸、立腰、开髋。

3. 劈腿

（1）竖叉

练习方法：用两手左右扶地或两臂侧平举，两腿前后分开成直线。左腿后侧着地，将脚尖勾起；右腿内侧或前侧着地。练习时左右交替进行。

动作要点：挺胸、立腰、沉髋、挺膝。

（2）横叉

练习方法：两手在体前扶地或两臂侧平举，两腿左右分开成直线，两腿内侧着地。

动作要点：挺胸、立腰、展髋、挺膝。

4. 控腿

（1）前控腿

练习方法：右手扶肋木或一定高度的物体，侧向肋木并步站立，左手叉腰或侧平举。左腿屈膝前提，将脚尖绷直或勾紧，逐渐向前上伸出，停留片刻再还原。练习时左右交替进行。

动作要点：挺胸、直背、挺膝。控腿的高度可随练习水平逐步提高。

（2）侧控腿

练习方法：右手扶肋木或一定高度的物体，左手叉腰，侧向并步站立。左腿屈膝侧提，将脚尖绷直或勾紧，向外侧前上伸出，停留片刻再还原。练习时左右交替进行。

动作要点：挺胸、直背、开髋、挺膝。根据训练水平的提高逐渐提高控腿的高度。

（3）后控腿

练习方法：右手扶肋木或一定高度的物体，左手叉腰，侧向并步站立。左腿屈膝前提，将脚尖绷直，向后上方伸出，停留片刻再还原。练习时左右交替进行。

动作要点：挺胸、展髋、挺膝、腰后屈。根据训练水平逐渐提高控腿的高度。

5. 踢腿

（1）正踢腿

练习方法：右手扶肋木或一定高度的物体，左手叉腰，并步侧向站立。右腿支撑，将左脚勾起，挺膝上踢，然后下落还原。练习时左右交替进行。

动作要点：挺胸、立腰、收腹、沉髋。踢腿过腰后加速。

（2）侧踢腿

练习方法：用双手扶肋木或一定高度的物体，以丁字步站立。动作与正踢相同，唯向侧踢。练习时左右交替进行。

动作要点：与正踢相同。

（3）后踢腿

练习方法：双手扶肋木或一定高度的物体，并步站立。以右腿为支撑腿，将左腿伸直，脚尖绷直，挺膝向后上踢起，也可大腿后踢过腰后，松膝，用脚掌触头部。练习时左右交替进行。

动作要点：挺胸、抬头、腰后屈。

（三）腰功

1. 俯腰

（1）前俯腰

练习方法：并步站立，两手手指交叉，直臂上举，掌心朝上。将上体前俯，两掌心尽量贴地，也可两手松开，分别抱住两腿跟腱处，胸部尽量贴近腿部，持续一定时间后再站立。

动作要点：两腿挺膝伸直，挺胸塌腰、收髋、前折体。

（2）侧俯腰

练习方法：并步站立，双手手指交叉，直臂上举，掌心朝上。上体左转向左侧下屈，两手掌心触地。持续一定时间后，再起身做另一侧。

动作要点：两腿挺膝伸直，两脚不能移动，上体尽量下屈。

2. 甩腰

练习方法：开步站立，两臂上举。以腰、髋关节为轴，上体做前后屈动作，两臂也随着摆动。

动作要点：快速、紧凑、富有弹性。

3. 涮腰

练习方法：开步站立。将上体前俯，两臂下垂随之向左前方伸出，以髋关节为轴，向前、向右、向后、向左绕环一周。练习时左右交替进行。

动作要点：两脚固定不动，两臂随腰放松绕动，尽量增大上体环绕幅度。

4. 下腰

练习方法：将两脚开立，与肩同宽，两臂伸直上举。腰向后屈，抬头，挺胸，两手向后、向下撑地成桥形。也可两手扶墙做下腰动作练习。

动作要点：挺胸、挺髋，腰向上顶，脚跟贴地。

（四）桩功

1. 马步桩

练习方法：将两脚平行开立，约为脚长的3倍，脚尖朝前，屈膝半蹲，大腿接近水平，全脚着地，将身体重心落于两腿之间。两臂微屈平举于胸前，掌心向下，目视前方。也可两手抱拳于腰间。

动作要点：挺胸、直背、塌腰，做深呼吸。静站时间逐渐增加。

2. 虚步桩

练习方法：将两脚前后开立，右脚外展 45°，屈膝半蹲，左脚脚跟提起，脚面绷直，脚尖稍内扣，虚点地面，膝微屈，重心落于右腿上。

两手抱拳于腰间，目视前方。练习时左右交替进行。

动作要点：挺胸、塌腰，虚实分明，静站时间逐渐增加。

3. 浑元桩

（1）升降桩

练习方法：将两脚平行开立与肩同宽，两膝微屈，两肘稍屈，两手心向下，举于胸前，然后配合呼吸，做升降动作。

动作要点：头颈正直，沉肩垂肘，松腰敛臀，上体正直；呼吸深、长、匀、细。升时配合吸气，小腹外凸；降时配合呼气，小腹内凹。初练时静站 2～3 分钟，然后逐渐增加。

（2）开合桩

练习方法：将两脚平行开立与肩同宽，两腿屈膝略蹲。两臂屈肘，两手心向内，指尖相对，合抱于体前。随自然呼吸，做开合运动。

动作要点：头颈正直，沉肩垂肘，松腰敛臀，上体正直；呼吸深、长、匀、细。开时配合吸气，小腹外凸；合时配合呼气，小腹内凹。初练时静站 2～3 分钟，然后逐渐增加。

三、武术运动的拳术套路和器械套路实践

（一）武术运动的拳术套路实践

武术运动的拳术套路有很多种，下面以二十四式太极拳为例来讲述武术运动的拳术套路。

1. 动作名称

第 1～3 式：（1）起势；（2）左右野马分鬃；（3）白鹤亮翅。

第 2～6 式：（4）左右搂膝拗步；（5）手挥琵琶；（6）左右倒卷肱。

第 3～8 式：（7）左揽雀尾；（8）右揽雀尾。

第 4～11 式：（9）单鞭；（10）云手；（11）单鞭。

第 12～15 式：（12）高探马；（13）右蹬脚；（14）双峰贯耳；（15）转身左蹬脚。

第 16～17 式：（16）左下势独立；（17）右下势独立。

第 18～20 式：（18）左右穿梭；（19）海底针；（20）闪通臂。

第 21～24 式：（21）转身搬拦锤；（22）如封似闭；（23）十字手；（24）收势。

2. 动作练习

（1）起势

练习方法：将两脚并拢，身体自然直立，头颈正直；两臂自然下垂，两手指尖轻贴大腿侧；眼向前平视。左脚向左慢慢开步，与肩同宽，脚尖向前。两臂慢慢向前平举，两手高与肩平，与肩同宽，手心向下。上体保持正直，两腿屈膝下蹲；同时两掌轻轻下按至腹前，两肘下垂与膝相对；眼平视前方。

动作要点：头颈正直，下颌微向后收，不要故意挺胸或收腹，精神集中。两肩下沉，两肘松垂，手指自然微屈，将重心放在两腿中间。屈膝松腰、臀部不可凸出。两臂下落要和身体下蹲的动作协调一致。

（2）左右野马分鬃

练习方法：

①上体微向右转，身体重心移至右腿上；同时右臂收在胸前平屈，掌心向下，左手经体前向右下划弧放在右手下，掌心向上，两掌心相对成抱球状；左脚随即收到右脚内侧，脚尖点地；目视右手。

②将上体微向左转，左脚向左前方迈出，同时左右手随转体慢慢分别向左上、右下错开；目视左手。

③将上体继续左转，右脚跟后蹬，右腿自然伸直成左弓步；左右手随转体继续向左上、右下分开，左手高与眼平，掌心斜向上，肘微屈；右手落在右胯旁，肘也微屈，掌心向下，指尖向前；目视左手。

④上体慢慢后坐，身体重心移至右腿，左脚尖翘起，微向外撇，同时两手准备抱球。

⑤左脚掌慢慢踏实，左腿慢慢前弓，身体左转，身体重心再移至左腿；同时左手翻转向下，左臂收在胸前平屈，右手向左上划弧放在左手下，两掌心相对成抱球状；右脚随即收到左脚内侧，脚尖点地；目视左手。

⑥将上体微右转，右腿向右前方迈出，同时左右手随转体慢慢分别向左下、右上错开；目视右手。

⑦左腿自然伸直成右弓步；同时上体继续右转，左右手继续随转体分别慢慢向左下、右上分开，右手高与眼平，掌心斜向上，肘微屈；左手落在左胯旁，肘也微屈，掌心向下，指尖向前；目视右手。

⑧与④动作方法相同，唯左右相反。

⑨与⑤动作方法相同，唯左右相反。

⑩与⑥动作方法相同，唯左右相反。

⑪与⑦动作方法相同，唯左右相反。

动作要点：上体勿前俯后仰，两手分开要保持弧形，身体转动要以腰为轴，做弓步与分手的速度要一致。做弓步时，迈出脚的脚跟先着地，然后慢慢踏实，膝盖不要超过脚尖；

后腿稍后蹬，使该腿与地面保持约 45° 角，前后脚的脚跟在直线两侧，两脚横向距离为10 ~ 30 厘米。

（3）白鹤亮翅

练习方法：将上体微向左转，左手翻掌向下，左臂平屈胸前，右手向左上划弧，掌心转向上，与左手相对成抱球状；目视左手。右脚跟进半步，上体后坐，身体重心移至右腿；上体先向右转，面向右前方，目视右手；然后左脚稍向前移，脚尖点地，成左虚步；同时上体再微向左转，面向前方，两手随转体慢慢向左下、右上分开，右手上提停于右额前，掌心向左后方，左手落于左胯前，手心向下，指尖向前；眼平视前方。

动作要点：胸部不要挺出，两臂上下都要保持半圆形，左膝要微屈，重心后移和右手上提要协调一致。

（4）左右搂膝拗步

练习方法：

①右手从体前下落，由下向后上方划弧举至右肩外侧，肘微屈，手与耳同高，掌心斜向上；左手由左下向上、向右下方划弧至右胸前，掌心斜向下；同时上体先微向左再向右转；左脚收至右脚内侧，脚尖点地；目视右手。

②将上体左转，左脚向前（偏左）迈出成左弓步；同时右手屈回由耳侧向前推出，高与鼻尖平，左手向下由左膝前搂过落于左胯旁，指尖向前；目视右手。

③右腿慢慢屈膝，上体后坐，重心移至右腿，左脚尖翘起微向外撇，随后脚慢慢踏实，左腿前弓，身体左转，重心移至左腿，右脚收到左脚内侧，脚尖点地；同时左手向外翻掌由左后向上划弧至左肩外侧，肘微屈，手与耳同高，掌心斜向上；右手随转体向上向左下划弧落于左胸前，掌心斜向下；目视左手。

④与②动作方法相同，唯左右相反。

⑤与③动作方法相同，唯左右相反。

⑥与②动作方法相同。

动作要点：手推出后，身体不可前俯后仰，要松腰松胯，推掌时须沉肩垂肘、坐腕舒掌，同时必须与松腰、弓腿协调一致。做弓步时，两脚跟的横向距离保持约 30 厘米。

（5）手挥琵琶

练习方法：右脚跟进半步，上体后坐，重心移至右腿上，上体半面向右转。左脚略提起稍向前移，变成左虚步，脚跟着地，脚尖翘起，膝部微屈；同时左手由左下向上挑举，高与鼻尖平，掌心向右，臂微屈；右手收回放在左臂肘部里侧，掌心向左；两手成侧立掌合于体前；目视左手食指。

动作要点：身体平稳自然，沉肩垂肘，胸部放松。左手上起时要由左向上、向前，微带弧形。右脚跟进时，前脚掌先着地，再全脚落实。身体重心后移和左手上举、右手回收要协调一致。

（6）左右倒卷肱

练习方法：

①上体右转，右手翻掌（掌心向上）经腹前由下向后上方划弧平举，臂微屈，左手随即翻掌向上；眼的视线随着向右转体先右视，再转向前方视左手。

②右臂屈肘折向前，右手由耳侧向前推出，掌心向前，左臂屈肘后撤，掌心向上，撤至左肋外侧；同时左腿轻轻提起向后（偏左）退一步，用脚掌先着地，然后全脚慢慢踏实，将身体重心移到左腿上，成右虚步，右脚随转体以脚掌为轴扭正；目视在手。

③将上体微向左转，同时左手随转体向后上方划弧平举，掌心向上，右手随即翻掌，掌心向上；眼随转体先左视，再转向前方视右手。

④与②动作方法相同，唯左右相反。

⑤与③动作方法相同，唯左右相反。

⑥与②动作方法相同。

⑦与②动作方法相同。

⑧与②动作方法相同，唯左右相反。

动作要点：前推的手不要伸直，后撤手也不可直向回抽，仍走弧形。在前推时，要转腰松胯，与两手的速度要一致，避免僵硬。退步时，脚掌先着地，再慢慢踏实，同时把前脚扭正，退左脚略向左后斜，退右脚略向右后斜，避免使两脚落在一条直线上。后退时，眼神随转体动作向左右看（约转90°），然后再转看前手。

（7）左揽雀尾

练习方法：将上体微向左转，同时右手随转体向后上方划弧平举，掌心向上，左手放松，掌心向下；目视左手。身体继续向右转，左手自然下落，逐渐翻掌经腹前划弧至右肋前，掌心向上；右臂屈肘，掌心转向下，收至右胸前，两手相对成抱球状；同时身体重心落在右腿上，右脚收至右脚内侧，脚尖点地；目视右手。上体微向左转，左脚向左前方迈出，上体继续向左转，右腿自然蹬直，左腿屈膝成左弓步，同时左臂向左前方拥出（即左臂平屈成弓形，用前臂外侧和手背向前方推出），高与肩平，掌心向后；右手向右下落，放于右胯旁，掌心向下，指尖向前；目视左前臂。身体微向左转，左手随即前伸翻掌向下，右手翻掌向上，经腹前向上、向前伸至左前臂下方；然后两手下捋，即上体向右转，两手经腹前向右后上方划弧，直至右掌心向上，高与肩平，左臂平屈胸前，掌心向后；同时身体重心移至右腿；目视右手。体微向左转，右臂屈肘折回，右手附于左手腕里侧，相距约5厘米，上体继续向左转，双手同时向前慢慢挤出，左掌心向后，右掌心向前，左前臂要保持半圆；同时身体重心逐渐前移变成左弓步；目视左手腕部。左手翻掌，掌心向下，右手经左腕上方向前、向右伸出，高与左手齐，掌心向下，两手左右分开，宽与肩同；然后右腿屈膝，上体慢慢后坐，身体重心移至右腿上，左脚尖跷起；同时两手屈肘回收至腹前，掌心均向前下方；目向前平视。上式不停，身体重心慢慢前移，同时两手向前、向上按出，掌心向前；左腿前弓成左弓步；目平视前方。

动作要点：在出手时，两臂前后均保持弧形，分手与松腰、弓腿必须协调一致；下捋时，上体不可前倾，臀部不要凸出。两臂上捋须随腰旋转，仍走弧线。向前挤时，上体要正直，动作要与松腰、弓腿一致。

（8）右揽雀尾

练习方法：

①将上体后坐并向右转，身体重心移至右腿，左脚尖里扣；右手向右平行划弧至右侧，然后由右下经腹前向左上划弧至左肋前，掌心向上；左臂平屈胸前，左手掌向下与右手成抱球状；同时身体重心再移到左腿上，右脚收到左脚内侧，脚尖点地；目视左手。

②其他步骤动作与左揽雀尾相同，唯左右相反。

动作要点：均与左揽雀尾相同，唯左右相反。

（9）单鞭

练习方法：上体后坐，重心逐渐移至左腿，右脚尖里扣；同时上体左转，两手（左高右低）向左弧形运转，直至右臂平举，伸于身体左侧，掌心向左，右手经腹前运至肋前，掌心向后上方；目视左手。重心再渐渐移至右腿上，上体右转，左脚向右脚靠拢，脚尖点地；同时右手向右上方划弧（掌心由里转向外），至右侧方时变勾手，臂与肩平；左手向下经腹前向右上划弧停于右肩前，掌心向里；目视左手。上体微向左转，左脚向左前侧方迈出，右脚跟后蹬，成左弓步；在身体重心移向左腿的同时，左掌随上体的左转慢慢翻转向前推出，掌心向前，手指与眼齐平，臂微屈；目视右手。

动作要点：上体正直，松腰。右臂肘部稍下垂，左肘与左膝上下相对，两肩下沉。左手向外推时，要随转体边翻边推，不要翻掌太快。全部过渡动作上下要协调一致。

（10）云手

练习方法：

①将重心移至右腿上，身体渐向右转，左脚尖里扣；左手经腹前向右上划弧至右肩前，掌心斜向后，同时右手松勾变掌，掌心向右前；目视左手。

②将上体慢慢左转，重心随之逐渐左移；左手由脸前向左侧运转，掌心渐渐转向左方；右手由右下经腹前向左上划弧，至左肩前，掌心斜向后；同时右脚靠近左脚，成小开立步（两脚距离10～20厘米）；目视右手。

③上体再向右转，同时左手经腹前向右上划弧至右肩前，掌心斜向后；右手向右侧运转，掌心翻转向右；随之左腿向左横跨一步；目视左手。

④与②动作方法相同。

⑤与③动作方法相同。

⑥与②动作方法相同。

动作要点：身体转动要以腰脊为轴，松腰、松胯，避免忽高忽低。两臂随腰运转，要自然、圆活，速度要缓慢均匀。下肢移动时，重心要稳定，眼的视线随左右手而移动。

31

（11）单鞭

练习方法：将上体向右转，右手随之向右运转，至右侧方时变成勾手；左手经腹前向右划弧至右肩前，掌心向内；重心落在右腿上，左脚尖点地；目视右手。上体微向左转，左脚向左前侧方迈出，右脚跟后蹬，成左弓步；在身体重心移向左腿的同时，上体继续左转，左掌慢慢翻转向前推出，成"单鞭"式。

动作要点：与前"单鞭"式相同。

（12）高探马

练习方法：右脚跟进半步，将身体重心逐渐后移至右腿上；右勾手变成掌，两掌心翻转向上，两肘微屈；同时身体微向右转，左脚跟渐渐离地；目视左前方。将上体微向左转，面向左前方，右掌经右身旁向前推出，掌心向前，手指与眼同高；左手收至左侧腰前，掌心向上；同时左脚微向前移，脚尖点地，成左虚步；目视右手。

动作要点：上体自然正直，双肩要下沉，右肘微下垂。

13.右蹬脚

练习方法：将左手掌心向上，前伸至右手腕背面，两手相互交叉，随即向两侧分开并向下划弧，掌心斜向下，同时左脚提起向左前侧方进步（脚尖稍外撇）；将身体重心前移；右腿自然蹬直，成左弓步；目视前方。两手由外圈向里圈划弧，两手交叉合抱于胸前，右手在外，掌心均向后；同时左脚靠拢，脚尖点地；目平视右前方。两手臂左右划弧分开平举，肘部微屈，掌心均向外；同时右腿屈膝提起，右脚向右前方慢慢蹬出；目视右手。

动作要点：身体要平稳，在两手分开时，腕部与肩齐平。左腿微屈，蹬脚时脚尖回勾，力量用在脚跟，分手和蹬脚须协调一致，右臂和右腿上下相对。

（14）双峰贯耳

练习方法：将右腿收回，屈膝平举；左手由后向上、向前下落至体前，两掌心均翻转向上，两手同时向下划弧，分落于右膝盖两侧；目视前方。右脚向右前方落下，重心渐渐前移，成右弓步，面向右前方；同时两手下落，慢慢变拳，分别从两侧向上、向前划弧至面部前方，成钳形；两拳相对，高与耳齐，拳眼都斜向内下（两拳中间距离为 10 ～ 20 厘米）；目视右拳。

动作要点：头颈正直，松腰，两拳松握，沉肩垂肘，两臂均保持弧形。

（15）转身左蹬脚

练习方法：左腿屈膝后坐，将身体重心移至左腿，上体左转，右脚尖里扣；同时两拳变掌，由上向左右划弧分开平举，掌心向前；目视左手。身体重心再移至右腿，左脚收到右脚内侧，脚尖点地；同时两手由外圈向里圈划弧合抱于胸前，左手在外，掌心均向后；目平视左方。两手臂左右划弧分开平举，肘部微屈，掌心均向外；同时左腿屈膝提起，左脚向左前方慢慢蹬出；目视左手。

动作要点：与右蹬脚式相同，唯左右相反。

（16）左下势独立

练习方法：将左腿收回平屈，上体右转；右掌变成勾手，左掌向上、向右划弧下落，立于右肩前，掌心斜向后；目视右手。右腿慢慢屈膝下蹲，左腿由内向左侧（偏后）伸出，成左仆步；左手下落（掌心向外）向左下顺左腿内侧向前穿出；目视左手。身体重心前移，左脚跟为轴，

脚尖尽量向外撇，左腿前弓，右腿后蹬，右脚尖里扣，上体微向左转并向前起身；同时左臂继续向前伸出（立掌），掌心向右，右勾手下落，勾尖向后；目视左手。右腿慢慢提起、平屈，成左独立式；同时右勾手变掌，并由后下方顺右腿外侧向前弧形上挑，屈臂立于右腿上方，肘与膝相对，掌心向左；左手落于左胯旁，掌心向下，指尖向前；目视右手。

动作要点：右腿全蹲时脚尖微向外撇，左腿伸直时脚尖向里扣，脚掌全部着地。左脚尖与右脚跟在一条直线上，上体不可过于前倾。上体正直，独立腿微屈，右腿提起时脚尖自然下垂。

（17）右下势独立

练习方法：

①右脚下落于左脚前，脚尖着地，然后以左脚前掌为轴，脚跟转动，身体随之左转，同时左手向后平举变成勾手，右掌随着转体向左侧划弧，立于左肩前，掌心斜向后；目视左手。

②与"左下势独立"②动作方法相同，唯左右相反。

③与"左下势独立"③动作方法相同，唯左右相反。

④与"左下势独立"④动作方法相同，唯左右相反。

动作要点：右脚尖触地后必须稍微提起，然后再向下仆腿，其他均与"左下势独立"相同，唯左右相反。

（18）左右穿梭

练习方法：

①将身体微向左转，左腿向前落地，脚尖外撇，右脚跟离地，两腿屈膝成半坐盘式；同时两手在左胸前成抱球状（左上右下）；然后右脚收到左脚内侧，脚尖点地；目视左前臂。

②身体右转，右脚向右前方迈出，屈膝弓腿成右弓步；右手由脸前向上举并翻掌停架在右额前，掌心斜向下；左手向左下，再经体前向前推出，高与鼻尖平，掌心向前；目视左手。

③身体重心略向后移，右脚尖稍向外撇，随即身体重心再移到右腿，左脚跟进，停于棚内侧，脚尖点地；同时两手在胸前成抱球状（右上左下）；目视右前臂。

④与②动作方法相同，唯左右相反。

动作要点：推出后，上体不可前俯，手上举时，防止引肩上耸。前推时，上举的手和前推的手的速度，要与马步、松腰协调一致。做弓步时，两脚跟的横向距离以保持在30厘米为宜。

（19）海底针

练习方法：右脚向前跟进，将身体重心移至右腿，右脚稍向前移举步；右手下落经体前向后、向上提抽至肩上耳旁，左手下落至体前侧。左脚尖点地成左虚点；同时身体稍向右转；右手再随身体左转，由右耳旁斜向前下方插出，掌心向左，指尖斜向下；与此同时，左手向前、向下划弧落于左胯旁，掌心向下，指尖向前；目视前下方。

动作要点：身体要先右转，再左转，上体不可太前倾，避免低头和臀部外凸，左腿要微屈。

（20）闪通臂

练习方法：将上体稍向右转，左脚微回收举步，同时两手上提；目视前方。左脚向前迈出，脚跟着地；左右两手分别向左前、右后分开；左掌心向前，右掌心向外；目视前方。重心前移，左腿屈膝弓成左弓步；同时右手屈臂上举，停于右额前上方，掌心翻转斜向上，拇指朝下；左手由胸前随重心前移慢慢向前推出，高与鼻尖平，掌心向前；目视左手。

动作要点：上体自然正直，松腰、松胯，左臂不要伸直，背部肌肉要伸展开，推掌与弓腿动作要协调一致。

（21）转身搬拦锤

练习方法：上体后坐，将身体重心移至右腿上，左脚尖里扣；身体向右后转，然后身体重心再移至左腿上；与此同时，右手随着转体向右、向下（变拳）经腹前划弧至左肋旁，拳心向下；左掌上举于头前，掌心斜向上；目视前方。向右转体，右拳经胸前向前翻转撇出，拳心向上；左手落于左胯旁，掌心向下，指尖向前；同时右脚收回后（不要停顿或脚尖点地）即向前迈出，脚尖外撇；目视右拳。身体重心移至右腿上，左腿向前迈出一步；左手上起经左侧向前上划弧拦出，掌心向前上方；同时右拳向右划弧收到右腰旁，拳心向上；目视左手。左腿前弓成左弓步，同时右拳向前打出，拳眼向上，高与胸平，左手附于右前臂里侧；目视右拳。

动作要点：右拳松握，前臂先慢慢内旋后收回，再外旋停于右腰旁，拳心向上。向前打出时，右臂随拳略向前引，沉肩垂肘，右臂微屈。

（22）如封似闭

练习方法：左手由右腕下向前伸出，右拳变掌，两手掌心逐渐翻转向上并慢慢分开回收；同时身体后坐，左脚尖跷起，身体重心移至右腿；目视前方。两手在胸前翻掌，向下经腹前再向上、向前推出；腕部与肩平，掌心向前；同时左腿前弓成左弓步；目视前方。

动作要点：身体后坐时，避免后仰，臀部不可凸出，两臂随身体回收时，肩、肘部略向外松开，不要直着抽回，两手宽度不要超过两肩。

（23）十字手

练习方法：屈膝后坐，将身体重心移向右腿，左脚尖里扣，向右转体；右手随着转体动作向右平摆划弧，与左手成两臂侧平举，掌心向前，肘部微屈；同时右脚尖随着转体稍向外撇，成右侧弓步；目视右手。身体重心慢慢移至左腿，右脚尖里扣，随即向左收回，两脚距离与肩同宽，两腿逐渐蹬直，成开立步；同时两手向下经腹前向上划弧交叉合抱于胸前，两臂撑圆，腕高与肩平，右手在外，成十字手，掌心均向后；目视前方。

动作要点：两手分开和合抱时，上体勿前俯。站起后，身体自然正直，头微上顶，下颌稍向后收。两臂环抱时须圆满舒适，沉肩垂肘。

（24）收势

练习方法：两手向外翻掌，掌心向下，两臂慢慢下落，停于腹前；目视前方。两腿缓缓蹬直，同时两掌慢慢下落至大腿侧，然后收左脚成并步直立；目视前方。

动作要点：两手左右分开下落时，全身注意放松，同时气徐徐向下沉（呼气略加长）。呼吸平稳后，把左脚收到右脚旁，再走动休息。

（二）武术运动的器械套路实践

武术运动的器械套路也包括很多种，例如初级刀术、初级剑术等，下面以初级刀术为例来讲述武术运动的器械套路实践。

1. 动作名称预备势。

第一段：（1）起势；（2）弓步藏刀；（3）虚步藏刀；（4）弓步扎刀；（5）弓步抡劈；（6）提膝格刀；（7）弓步推刀；（8）马步劈刀；（9）仆步按刀。

第二段：（10）蹬腿藏刀；（11）弓步平斩；（12）弓步带刀；（13）歇步下砍；（14）弓步扎刀；（15）插步反撩；（16）弓步藏刀；（17）虚步抱刀；（18）收势。

2. 动作练习

预备势：

练习方法：两脚并立，左手虎口朝下，拇指在前，其余四指在后握住刀柄，手腕部贴靠刀盘，刀刃朝前，刀尖朝上，刀背贴靠前臂内侧；右手五指并拢，垂于身体右侧；目视前方。

第一段：

（1）起势

练习方法：左手握刀与右手同时从两侧向额上方绕环，至额前上方时，右手拇指张开贴近刀盘，接握左手刀。

动作要点：两臂从体侧向额前上方绕环的动作必须协调一致。

（2）弓步藏刀

练习方法：将右腿屈膝略蹲，左脚向左上步。右手持刀使刀背贴身从左绕向身后，左臂内旋（拇指一侧朝下）向左伸出。目向左平视。上身左转，左腿屈膝，右腿伸直，成左弓步。右手持刀，掌心朝上，上身左转的同时，从身后向右、向前、向左平扫至左肋时臂内旋，掌心朝下，刀背贴靠于左肋，刀身平放，刀尖朝后；左臂随之屈肘上举至头顶上方成横掌。目视前方。

动作要点：缠头时，刀背必须贴着脊背绕行；扫刀时，刀身平行，迅速有力。

（3）虚步藏刀

练习方法：上身右转，左腿伸直，右腿屈膝，成右弓步。右手持刀，掌心朝下，随上身右转向右平扫，刀背朝前；左掌随之向左侧平落，掌心向下。目视刀身。顺扫刀之势右臂外旋，掌心朝上，使刀背向身后平摆。以右脚前脚掌为轴碾地，脚跟外展，上身随之左转，左脚后收半步成虚步。刀尖朝下，从背后向左肩外侧绕行；同时左手经体前向下、向右腋处弧形绕环。目向左前方平视。右手持刀从左肩外侧向下、向后拉回，肘略屈，刀刃朝下，刀尖朝前；左手随即向前成侧立掌平直推出，掌指朝上。目视左掌。

动作要点：4个分解动作，必须连贯起来做；扫刀要平，绕刀要使刀背贴靠脊背。

（4）弓步扎刀

练习方法：左脚稍前移，踏实，右脚随即向前上步，成右弓步。左掌在上步的同时，向后直臂弧形绕环至身后平举成勾手，勾尖朝下；右手持刀随之向前扎刀，刀刃朝下，刀尖朝前。目视刀尖。

动作要点：刀尖和右手、右肩要平行，上身略前探，力达刀尖。

（5）弓步抢劈

练习方法：左脚向左斜前方上步，成左弓步。右手持刀臂内旋、屈腕，使刀尖由左斜前方向上挂起，刀刃朝上；左勾手变掌附于右肘处。目视刀身。右手持刀从上向右斜前方劈下，刀尖稍向上翘；左臂同时屈肘上举，至头顶上方成横掌。目视刀尖。

动作要点：抢劈动作必须连贯、有力，与步法配合一致。

（6）提膝格刀

练习方法：左脚尖外展，右腿提膝。刀由前下向左上横格，刀垂直立于胸前，刀尖朝上，刀刃向左；左手横附于刀背上。目视刀身。

动作要点：提膝与格刀必须同时完成。

（7）弓步推刀

练习方法：右脚向前落步。右手持刀向后、向下贴身弧形绕环；左掌此时从上向下按于刀背上面。目视刀尖。上体微右转，左脚从体前上步，成左弓步。右手持刀随之向前撩推，刀刃斜朝上，刀尖斜朝下；左掌仍按刀背，掌指朝上。上身前探，目视刀尖。

动作要点：撩推刀必须与步法协调一致。

（8）马步劈刀

练习方法：上体右转，两腿屈膝半蹲成马步。右手持刀从左向上、向右劈下，刀尖稍向上翘与眉相齐；左掌在头顶上方屈肘成横掌。目视刀尖。

练习要点：转身、劈刀要快，力达刀刃；马步两脚尖要向里扣，大腿坐平。

9.仆步按刀

练习方法：右脚向右后方撤一大步，右腿屈膝全蹲，左腿伸直平铺，成左仆步，上身右转的同时，右手持刀做外腕花（以腕为轴，刀在右臂外侧向前下贴身立圆绕环）；左掌同时向下按切，附于右手腕，刀尖朝左，刀刃朝下。目向左平视。

动作要点：撤步与外腕花快速有力，并与仆步按刀协调连贯；做仆步时，上身略向左前方探倾。

第二段：

（10）蹬腿藏刀

练习方法：右腿蹬直立起，左腿提膝成独立；右手持刀向右后拉回，左掌向左前方伸出，掌指朝上。目视左手。上身左转，右手持刀从后向前由左膝下方朝左裹膝抄起，左掌屈肘附于右前臂。目视前下方。右手持刀从左肩外侧向后沿肩背绕行，左腿即向左斜前方落步成左弓步，左掌向左平摆。右手持刀经肩外侧向前、向左平扫，至左肋时顺扫刀之势臂内旋，将刀背贴靠左肋；左掌随之屈肘上举至头顶上方成横掌。右脚脚尖上翘，用脚跟向前上方蹬腿。目视脚尖。

动作要点：缠头时必须使刀背绕裹左膝后顺脊背绕行，动作要迅速，蹬腿要快，并与缠头刀协调连贯。

（11）弓步平斩

练习方法：右脚向前落步。左脚向前上步，右脚趁势提起，上身在上步的同时向右后转。右手持刀掌心朝下，随着转身平扫一周；左掌从上向左后方平摆，掌心朝上。右手持刀臂外旋，刀尖朝下，使刀从右肩外侧向后绕行，做裹脑动作；右腿后撤一步，成左弓步。右手持刀使刀背贴靠于左肋，刀尖朝后；同时左掌屈肘上举至头顶上方成横掌。目视前方。上身右转，成右弓步。右手持刀，掌心朝下，向右平扫，扫腰斩击，刀尖朝前；左掌同时从上向后平摆，掌指朝后。目视刀尖。

动作要点：裹脑时必须使刀背贴靠脊背绕行；斩击时刀要与肩斗，力达刀刃。

（12）弓步带刀

练习方法：右手持刀臂外旋，使刀刃朝上，刀尖稍向下，斜垂。重心左移，左腿全蹲，右腿挺膝伸直平铺成仆步。右手持刀向左上方屈肘带回；左臂屈肘，左掌附于刀把内侧，拇指一侧朝下。目向右侧平视。

动作要点：翻刀、后带动作要连贯。仆步时，上体稍向左倾斜。

（13）歇步下砍

练习方法：将上身稍抬起。右手持刀，刀尖朝下，从右肩外侧向背后绕行；左掌同时向左侧平伸，拇指一侧朝下。左脚从身后向右侧插步。同时右手持刀从背后向左肩外侧绕行，掌心朝下，刀身平放，刀尖朝后；同时左掌向右腋处弧形绕环。目向右视。两腿屈膝全蹲成歇步。右手持刀在歇步下坐之同时向右下方斜砍，刀刃斜朝下，刀尖朝前；左掌随之向左摆出，在左侧上方成横掌。目视刀身。

动作要点：上述分解动作，要连贯一气呵成；下砍时力点在刀身后段。

（14）弓步扎刀

练习方法：上体左转，双脚碾地，左脚向前上半步，成左弓步。同时右手持刀，随势向前平伸直扎，刀刃朝下，刀尖朝前；左掌顺势附于右腕里侧。目视刀尖。

动作要点：转身、碾地、上步与扎刀协调连贯，力达刀尖。

（15）插步反撩

练习方法：上体稍直起并右转，右脚不动，左脚向右前方活步。同时右臂内旋，刀背朝下，使刀由前向上、向后直臂弧形绕行，刀刃朝下；左掌在屈肘时收于右肩前侧。右脚向左脚前方上步，成右弓步。同时右手持刀向下、向前直臂弧形撩起，刀刃朝上，刀尖朝前；左掌由右肩前向上直臂弧形绕行至头部上方时，屈肘横架，掌心朝上，掌指朝前。目视刀尖。右脚内扣，上体左转，刀随转体收于腹前，刀尖上翘，左掌下落附于右腕处。目视刀尖。左脚向右脚后横迈一步成左插步。同时右手持刀向后反臂弧形撩刀，刀刃朝上；左掌向左上方插出，掌心朝侧。目视刀尖。

动作要点：上步要连贯，撩刀要走立圆，刀尖不可触地，力达刀刃前部。

（16）弓步藏刀

练习方法：左脚向左前方上一步。同时右手持刀臂内旋，刀尖朝下，使刀由左肩外侧向后绕行，做缠头动作。身体重心左移，成左弓步。右手持刀由背后经右向左平扫，至左肋时顺扫刀之势臂内旋，使刀背贴靠于左肋，刀尖朝后；同时左掌屈肘上举至头顶上方成横掌。目视前方。

动作要点：缠头时必须使刀背贴靠脊背绕行，扫刀要迅速，力达刀刃。

（17）虚步抱刀

练习方法：上身右转，左腿伸直，右腿屈膝。同时右手持刀向右平扫，左掌随之向左平摆，掌心朝上。目视刀尖。上身稍直起，同时右手持刀顺平扫之势，臂外旋，掌心朝上，使刀向身后平摆，继而屈肘上举使刀尖下垂，刀背贴身；左掌协调配合。目向右平视。上体右转，成右弓步。右手持刀由背后经左肩外侧向身体前方平伸拉带，刀刃朝上，刀背贴于左臂，刀尖朝后；左掌由左向下、向前直臂弧形摆起，至脸前时，拇指张开，用掌心托住刀盘，准备将右手之刀接回。目视两手。右脚跟外转，上体左转，左脚由左移至身前，成左虚步；同时左手接刀，经身前向下、向身体左挑抱刀下沉，刀刃朝前，刀背贴靠左臂，刀尖朝上；右手由身前向下、向后、向上直臂弧形绕至头上方时屈腕成横掌，掌心朝前，肘稍屈。目向左平视。

动作要点：裹脑刀要使刀背沿右肩贴背绕行，虚步要虚实分明。

（18）收势

练习方法：右脚向前、向左脚靠拢，并步直立。右掌随即由右耳侧向下按落，掌心朝下，肘略屈并向外撑开，左手握刀不动。目视前方。

动作要点：上步和按掌动作要连贯迅速。

四、我国高校武术教育的反思

（一）普通高等学校武术教育中存在的问题

1. 学生方面

普通高等学校的学生普遍是按照小学、初中、高中这个序列一步一步读到大学的，鉴于我国中小学体育教育中武术教学内容较少，真正实施武术教学的比例更少的现实情况，普通高校大学生学习武术存在技术与文化上的一些问题。

（1）身体技术

武术是中国式的身体运动形式，它是一门逻辑性、科学性很强的身体实践，对身体技术的独特理解、掌握与运用决定了对于武术的学习不是一蹴而就的事。但是，通过多年教学实践，可以发现：普通高校的大学生在入校之前，基本没有接受过系统的武术技术方面的教育。尽管在教育纲要和国家出台的多项政策中提出在中、小学增加武术课的教学时数，但在实践中，这一要求并未落实。进入高校以后，武术教学没有根据武术学习能力的高低对学生进行细致划分、区别对待，技术课内容设置一刀切；教材选取多年来没有突显出武术的中国文化特色；教学方法相对单一；评价体系注重结果，不重视过程。教学中这一系列的相关环节决定了学生对武术技术的学习呈现出"喜欢武术，但不喜欢武术课"的现象，对武术技术的掌握大多出于应付，没有真正用心学习与练习，导致武术课上完了，学过的武术技术也忘光了。

当今已经是一个开放的时代，改革开放使得国际体育的交流与互动日益便捷。国外许多新兴体育项目纷纷进入中国，与此同时，外域武技也在国内传播和推广。这样的时代背景带给武术教育机遇与挑战，不过，目前似乎是挑战大于机遇。由于猎奇心理，也由于国外武技整体体系的简单、有效，使众多学生对国外武技学习兴趣更浓。

（2）思想文化

武术在中国传统社会中属于"小技"，一般来说，不为士大夫阶层所重视，长期以来广泛存在于民间民俗文化中。这样的文化地位决定了传统文化中几乎没有针对武术进行的文化探讨与研究。即或是目前人们研究武术的典籍大多数也是古代的兵书，其阐述的内容更多的是古代的兵家技巧、用兵谋略，对于武术仅是附带论述。

那么，学生们关于武术的认识是从哪里来的呢？大多数人对于武术的了解与认识来自于文艺作品，具体到我们身处的这个时代就是来自于武侠影视作品和武侠小说。这些文艺作品对于武术写实得很少，更多的是将人们对于武术的想象加以艺术化的加工，在突出其神秘色彩的同时，大力渲染神功奇技，使学生们对于"草上飞""水上漂""金刚不坏之体"无限地神往。不仅如此，文艺作品还赋予武林人士超越于普通人的、可以不受社会制度规约的能力，满足人们对自由自在行为的向往。

但是，不论文艺作品的描写是多么的绚丽或惊心动魄，它终究不是真实的武术。通过文艺作品了解武术，在某种情况下，不仅不能增进学生们对武术的认识，反而会产生对武术的误解和不切实际的幻想，梦想能得到某一高人指点，片刻掌握绝世奇功，从此独步武林或者能在社会上自由行走。这样的思想在高校大学生中不是个案，可以说是普遍现象。

当学生们将目光更多地投向了神功奇技后，通过武术习练体认中国传统文化的辩证思维、天人合一的人文关怀、崇礼尚德的伦理德行，以及由此而形成的民族认同感和爱国情怀就被炫目的特技掩盖了。所以，大学生学习武术需要正确地引导和传授。

2.教师方面

高等学校武术教师是传授武术技术与知识的主力军，他们自身学科知识和技术水平的高低对于武术教育的开展起着至关重要的作用。目前，在教师方面存在以下几方面问题。

（1）技术水平

普通高等学校的武术教师大多来自各个师范大学武术专项的毕业生或者是专业体育院校民族传统体育专业的毕业生。以各个师范大学武术专业的学生来说，大多数人是进入高校以后才开始接触武术的。在短短三年左右的时间里，他们需要学习武术中的徒手和器械内容，其中仅以"拳流有序、拳理明晰、风格独特、自成体系"的拳种就有129种之多，每个拳种还有自有的器械，以及武术中通常应掌握的长、短、双、软等器械。繁多的学习内容决定了师范院校武术专业的学生仅能大致了解一些武术技术，仅能基本掌握一至两项技术，这样的技术水平在其毕业之际应该是不高的。但如果在工作之后能够不断地进行再教育，应该可能满足高校的武术教学。以专业体育院校民族传统体育专业的学生来说，虽然大多数人从小接受了武术的技术训练，但技术水平仍存在参差不齐的现象，这也影响了其工作的效果。

（2）理论涵养

不论是师范院校武术专业的毕业生，还是专业体育院校民族传统体育专业的毕业生，受到在校学习期间课程设置的局限，其武术方面的理论知识普遍偏于局狭，这影响到他们在教学中将具有中国特色的武术理论与技术实践相联系，运用中国文化解释武术技术，激发学生学习中国文化的热情与积极性。

（3）信息技术水平

当今社会是一个信息化高度发达的社会，科技的日新月异使教学仪器、设备不断现代化，促使教学手段不断加以改进以适应变化了的教育需求，例如多媒体的使用、电子白板的使用、网络课堂的建立等等。新技术的不断推进要求高校教师必须不断保持与新技术的融合，能够自如地使用这些新技术，为更好地取得教学效果做辅助。不过，目前看来，受到各种客观条件的限制，高校武术教师的信息技术化水平还有很大提升的空间。

（二）原因探析

普通高等学校武术教育出现的诸多问题追根溯源是武术这个大系统自身出现了问题。近代以来，受到西式教育的影响，武术作为中国传统身体运动形式的代表进入学校教育系统。它在近代中国教育体系内能够存在的重要原因在于：第一，武术具有防身健体的实际功用；第二，武术是融摄中国传统文化的综合系统，其存在与发展能发挥民族性和中华文化特性。

但是，回溯历史可以看到：武术的近代化发展是在努力学习、借鉴西方体育的过程中进行的。由于时局的紧迫，人们并没有深入细致地认识、研究、理解西方文化，导致武术近代化建设中不可避免地出现了没有系统、完整的学科理论体系；没有周详地技术传承规划；有凸显民族文化的特质；学科建设尚属表浅。在当代普通高校体育教育中，武术教育仅居于配角的地位。

1. 崇西抑中

中国与西方的交往并不始于为人们所熟知的 1840 年，早在明初，西方就有了与中国的交往，那时的中国，国力强盛文化昌明，西方尚处在发展之中，中国对西方文化的接受与吸收仍是自信与有选择的。晚至清末，几次大战役的失败，丧国辱国条约的签订，使得中国的士大夫阶层感到了危机，于是，"师夷长技以制夷"成为举国上下一致地共识。有识之士们认为：只有把传统彻底消除，才能进入现代文明。他们深度挖掘中国传统社会中种种不利于现代化发展的事物与现象，将其与西方近代社会发展中积极向上的事物与现象进行比较，给世人呈现出一个亟待改变的社会形象。可是，无论是对于一个人还是一个民族来说，健康、理性的发展都必须要有足够的自信才行。近代知识分子对中华民族传统文化的否定和摧残并不利于中国文化的发展。尤其是当一个民族失去了对自身文化的自信，当它面对一个暂时强大于自己的他者文化，让它沉下心来，学习西方文化中真正有普世性的东西，这种可能性太小了。亡国灭种的威胁，救亡图存的努力都使得近代以来的人们无暇认真研究西方文化，仅只把表面上看起来有用的东西拿来一用。这样的社会背景决定了武术教育在学校中的地位与受重视程度都远不及西式体育。再加上受到人们认识局限性的制约，武术教育在新式教育体系内发展的并不理想，这就决定了当今的普通高等学校武术教育的现状。

然而，虽然人性的展现形式可以千差万别，但是，人性是一致的，中西方文化呈现出的差异性与多样性符合人类的本性，但其共性的东西是什么，这是需要我们继续探讨的。

2. 重文轻武

这里的"武"不是仅指武术而言，它包括了武术在内的全部体育。与西方国家重视体育在人的教育中的重要作用不同，中国自宋代重文轻武以来对于身体形式的教育一直居于整个教育体系的缘。及至近代，我国对体育的认识与理解也是从与西方相抗争的角度出发，并没有真正落实到对人的全面培养上来。新中国成立之初，体育机构没有在全国普遍建立，"有些已经调到体育机构工作的干部认为，做体育工作没出息，没前途，埋没了自己的一生，希望到经济建设和国防建设岗位上去工作。"这反映出做体育工作不受重视，没有地位。就连进入体育院校学习的学生也从内心深处看不起体育，或深深自责，或羞愧难当。

"头脑简单，四肢发达"成为人们对从事体育运动人的通识。短短八个字就把文化学习与体育运动做了一个性质上的判别，即文化学习优于体育运动、文化学习高于体育运动。在这样的思想意识主导下，学校体育能做好吗？从教育部 2010 年至今关于高校学生体质的调查结果可以看到：目前学生中普遍存在着视力不良增加、基本身体素质下降、体重超标增加的状况。造成这一现状最直接的原因就在于教育指导思想中重视文化学习、轻视身体教育。

相比于学校中处于主体地位的西方体育来说，武术就是一"小众"运动。虽然每名普通高校的大学生在校期间都要学习武术的部分内容，但那只是为了拿到学分而已。只有少数学生对武术有真正的热情与喜爱，愿意投入时间与精力学习武术技术，并在这一过程中体认中国传统文化。

（三）解决途径

高等学校武术教育呈现出来的问题不仅仅是学生的体质问题，而且还是一个民族文化如何在全球化大潮中立足的问题，一个如何传承民族文化的问题。由此，对于普通高等学校武术教育的反思就不仅仅在于表述其历史发展与思想演进，更在于梳理内蕴其间的"文化精神"与"民族命脉"。

对于人类而言，其生命的展现永远是具体的、千姿百态的，但人性却是普遍的。中国传统文化中的"仁、义、礼、智、信"如何实现创造性的转化？如何在现代社会复杂的关系中解决群己关系？如何回应变动社会的祸福担当？如何增加民族文化的凝聚力？如何形成社会公认的价值信仰？这些问题都不是纯理论研究可以解决的，必须付诸实践。

1. 肯定武术教育在人的全面发展方面的重要作用

加强对武术教育的系统研究，充分展现武术教育的中国文化特色。

长期以来形成的重文轻武、崇西抑中思想严重影响了高校武术教育的开展，为此，首先要在思想观念上充分认识到以往观念的危害，沉下心来认真思考武术教育的指导思想、主要内容、重要目标等关键性问题。其次，要充分认识到：武术是体认中国文化传统的独特的身体运动形式，武术教育是培养民族认同、增加文化凝聚力的重要内容和途径。第三，以有代表性的拳种作为突破口，形成特色武术教育。例如，以太极拳为重点。太极拳是目前我国乃至世界开展得最为普及的武术拳种。这一拳种形成时间比较晚近，其理论论述比较完善，技术体系比较完备，既有单练也有对练，既有徒手也有器械。其中，太极推手是太极拳较有特色的练习内容与形式，学生们通过练习太极推手，既要学习"体已"又要达到"知人"，又能做到引进落空、舍己从人。在这一过程中，他们不仅需要学习攻防转换的技巧，而且需要了解必要的礼仪规范，体认"天人合一""知行合一""大道至简"的人生哲理与智慧。这些独具中国特色的文化内容与形式，不仅仅用于他们的修身养性，更重要的在于锻炼他们的思维，培养他们的社会责任感，明确个人与他人、与社会的关系，增强他们适应社会的能力。

2. 要建立符合时代特点的教育空间

当今社会，电子化、信息化飞速发展，高校武术教育也应与时俱进，努力构建立体化的教育空间。

传统的武术教育多是在课堂上进行的，学生按照课程表上的规定，到指定场地进行学习；教师在规定时间内完成规定的教学内容。在这一主要的教学形式之外，一般高校会以社团的形式进行武术的学习与练习。但这样的学习与练习都要受到时间与空间的限制，局限性较大。

随着电子设备的日益普及和便利化，以及网络技术的不断成熟，武术教育的形式也可随之多样化。可以充分利用如微信、qq 等即时通信手段和建立武术网站来传递武术教学内容；交流武术习练的体会、感想；上传演练视频，展示习练风采等等，多角度、全方位的让学生们体验习练武术给身心带来的益处。

总而言之，普通高等学校是培养国家建设与发展所需人才的重要基地。大学生不仅需要学习专业知识，而且需要了解、提升人文精神；不仅需要有健全的心智，而且需要有健康的体魄；不仅需要了解外国的风土人情、文化习俗，更需要理解、深知、传承本民族的文化传统。

飞速发展的社会和日新月异的科技突显了物质世界的变动居，使置身于其间的人们常常有所迷失。然而，无论物质世界如何变化，基于人性的精神世界与意义秩序却是恒定蒔常的。高校武术教育需要理清思路，充分认识历史的、民族的文化内涵，在具体的身体实践中培养民族情感、弘扬民族精神；认真辨识西方文化的优劣，有鉴别地借鉴、吸收其有益于中国文化发展的因素；时刻关注时代发展的总体趋势，保持技术和理论发展的前瞻性。

第二节 民族传统体育之其他项目实践

在我国民族传统体育项目中，龙舟、舞龙、舞狮等都有着非常悠久的历史，在我国民间有着非常重要的地位，深受人们的欢迎和喜爱。

一、龙舟运动实践

（一）龙舟的分类

龙舟，又叫赛龙舟、划龙船，它是我国一项独具风格、别有情趣的民族传统体育活动。龙舟运动在我国南方地区开展得非常广泛，在江苏、浙江、福建、湖南、湖北、四川、云南、贵州、广东、广西等地都很盛行，有广泛的群众基础，深受我国各族人民的喜爱。在各族人民中，龙舟运动的方式也存在一定的差别，其中傣族龙舟、白族龙舟和苗族龙舟最为著名。

1. 傣族龙舟

傣历的每年六、七月是其著名的节日"泼水节"，在这期间会举行傣族龙舟比赛。傣族的龙舟竞渡已有两千多年的历史，其与内地龙舟有着很大的不同。其龙舟是用木头制成，长约 40 米、宽 1 米，两头尖尖地翘起，每船 50 人，分两排坐定，4 名舵手和 4 名引道手。在比赛时，由一人敲锣指挥，赛手们按鼓声节奏划桨前进，你追我赶，两岸百姓在锣鼓声中载歌载舞，尽情欢跳助威。

2. 白族龙舟

每年的八月初八是白族的传统节日"耍海会"，在这一天将会进行划龙舟活动。龙舟除有彩旗、绣球和响铃之类的装饰外，还将龙舟画成黄龙、黑龙、青龙等。在每条龙舟上，通常有 20 名划船手，龙舟头还有数人的乐队在比赛时伴奏助威。比赛开始后，吆喝声、加油声、锣声、唢呐声、响铃声不停，热闹无比。各条龙舟绕过海子中的折返点标志后，第一个返回起点的即为胜者。

3. 苗族龙舟

苗族的赛龙舟运动也有着悠久的历史。据清乾隆徐家干著的《苗疆闻见录稿》记载，苗族赛龙舟不同一般，特别是在龙舟的制作上别具风格，它是由 3 整根巨大的树干挖槽而成的原始龙舟，显得古朴而又结实。中间一条为主龙舟，长约 7 丈、宽约 3 尺；左右两边龙舟长约 5 丈、宽约 3 尺。中间的母舟和旁边的两条子舟被平行捆绑在一起，船头和船尾分别做出龙头和龙尾的形状，然后分别涂以各种颜色，三舟合一的龙舟就此而成。

苗族的赛龙舟是在每年的农历五月二十四至二十七日的"龙舟节"中举行。在这个节日中，苗家人习惯乘坐龙船走亲访友。每当过寨时，龙船要鸣放铳炮，而亲友则在岸边燃起鞭炮迎接。龙船靠岸后，划龙船者拿出菜与饭在船帮就餐，小孩们必须围拢上来讨"路边饭"，据说吃了龙船上的菜饭可以免祸和消灾。在比赛时，龙舟船头挂起家禽以示吉祥，每条龙舟的苗家划龙船者个个彪悍强壮，头戴马尾斗笠，手持细长木桨，顺着锣声节奏奋力划桨前进。另外，苗家划龙船还有个习俗，即如果有隔阂人家的龙船手只要上了龙船，就得握手言和，这三舟合一的龙舟本身就是团结和睦的象征；其次，凡是参加龙舟比赛的，必须忙完农活，如插好秧等再去划龙船方感自豪，否则会受到大家的奚落和耻笑。

（二）划龙舟基本技术实践

1. 技术名称

根据划龙舟队员的智能不同，可将其分为划手、鼓手、锣手、舵手。

划手的身体姿势分为坐姿、站姿和单腿跪姿。从力学的角度来讲，坐姿是较为合理的划龙舟姿势，而站姿、单腿跪姿则多在民间的龙舟比赛中采用。采用合理的身体姿势可以有效地减少划水的阻力，有利于两臂的活动，使动作配合更协调、更有力。而民间其他姿势的出现则增添了比赛的趣味性。

鼓手的姿势可分为站立打鼓、坐打鼓和单腿跪姿打鼓。由于各地的传统不同，他们的鼓点、鼓法也存在一定的区别。

锣手的姿势可分为站立打锣和坐着打锣。在民间比赛中，锣手往往是由男扮女装的人员担任的。但正式比赛锣手要和队员统一着装，不许做多余的动作。

舵手的姿势有站立把固定舵、站立把活动舵和坐着把活动舵。在民间的龙舟比赛中，其舵长往往是不一样的，另外，舵手还可以参加划水，但在正式的龙舟比赛中，每条龙船的舵的长度是统一的，而舵手也不能参加划水。

2. 具体技术

划手的动作方法由坐姿、握桨、入水、拉水、浆出水、前推移桨和集体配合等技术环节组成。

（1）坐姿

右排划手的身体保持坐姿，右大腿外侧紧靠船边，将右腿弯曲，脚掌后撑自己座位下的隔板，左腿半屈，脚掌前撑前排隔板（左、右腿也可互换）。左排划手的坐姿与右排相反。

（2）握桨

右排的划手左手先放在桨把的上端，四指从外向内并拢，掌心紧贴桨把上端，大拇指从内向外包住桨把。右手在桨的下端（桨叶与桨把的交界处），四指从外向内并拢，大拇指从内向外包住桨把。划行时要自然放松，不能握得太紧，否则掌心容易起泡。左排坐姿的握桨要领与右排一样，只要左、右手换位就行了。

（3）入水

左排划手在划水时，要将身体前倾，转动躯干，右肩前伸。背部、肩部发力传给左臂，左肘关节微屈，抬肘，形成高肘动作。在桨入水瞬间，左臂用力向下压桨至拉水完毕。浆入水时右臂向前伸直，桨入水的角度在80°～90°之间为宜，在桨入水后，将右臂后拉，肘关节不能向外伸，整个动作与火车轮的传动臂相类似。

（4）拉水

桨入水后划手马上要拉水，拉水时右臂后拉，左臂向下压桨，右腿（或左腿）前蹬隔板，躯干有后移动作，拉水距离为1～1.2米，拉水时桨要垂直水面。

（5）浆出水

浆出水是在桨拉水结束后的出水动作。在出水时，将左臂放松，上抬提桨。右腕内扣，上抬提桨，使桨叶御水。

（6）前推移桨

通常而言，比较常用的前推移桨方法主要有以下两种。

①左手下压，使桨几乎与水面平行，接着右臂往前推桨，然后入水。这种前移推浆方法在风浪较大的比赛场地，队员身材不高，但手臂力量大时比较适合。

②左、右臂上抬前推。在前推过程中桨叶不能碰着水面，否则会产生阻力。也不能提得太高，影响向前伸展手臂、入水时间以及划行的速度。

（7）集体配合

赛龙舟是一种对集体配合要求很高的体育运动，在比赛中，要求握桨的技术动作一致、入水角度一致、入水深浅一致和用力均匀协调一致，并且全体人员都要服从指挥，随哨声或鼓声划行，其节奏是咚（鼓声）、喳（划水声），划桨动作要与呼吸协调配合，起桨时吸气，划桨时呼气。

二、舞龙运动实践

舞龙运动承载着中华民族传统龙文化的内涵，集民俗、风情与健身、娱乐为一体，具有传统的民族风格，其是传统体育项目的一大特色。

（一）舞龙的基本动作实践

1. 基本握法

（1）正常位

双手持把，左（或右）臂肘微弯曲。手握于把位末端与胸同高，右（或左）臂伸直，手握于把的上端。

动作要点：挺胸，塌腰，手握把要平稳，把位积胸距离为一拳。

（2）滑把

一手握把端不动，另一手握把上下滑动。

动作要点：滑动要连贯均匀。

（3）换把

结合滑把动作，在滑动手接近固定手位，双手转换，滑动手握把成固定手位，固定手位变成滑动手位。

动作要点：换把手位时，要保持平稳，并随龙体轨迹运行。

2. 基本步型

（1）正步：两脚靠拢，脚尖对前方，将重心在双脚上。

（2）虚步：站虚丁字步，左（或右）腿半蹲。

（3）丁字步：右（左）脚跟靠拢左（右）脚足弓处，脚尖方向同小八字步。

（4）虚丁步：（前点步）站丁字步，右（或左）脚顺脚尖方向伸出，绷脚点地，大腿外旋。

（5）弓箭步：右脚（或左脚）向前迈出，屈膝，将小腿垂直，脚尖朝前，左腿（或右腿）挺直，脚尖稍内扣。将重心放在两腿中间，上身与右（或左）脚尖同一方向。

（6）横弓步：当弓步的上身左（或右）转与左（或右）脚尖同一方向。

（7）小八字步：将两脚跟靠拢，脚尖分开，对左、右前角。

（8）大八字步：两脚跟间相距一脚半，其他同小八字步。

动作要点：舞龙基本步型的练习要求步型要稳，弓步和虚步要到位。

3. 基本步法

（1）矮步

将两腿半屈，勾脚尖迅速连续的以脚跟到脚尖滚动向前行进。每步大小约为本人的一个脚长。

动作要点：挺胸、塌腰、身型正直。身体重心要平稳，不要有上下起伏现象。在落步时，由脚跟迅速过渡到全脚掌，并注意步幅。

（2）碾步

①单碾步

预备势脚站小八字步，手握把位成上举姿势，右脚以脚掌为轴，脚跟微提起，左脚以脚跟为轴，脚掌微提起，两脚同时向右旁碾动，由正小八字步碾成反小八字步，然后右脚以脚跟为轴，左脚以脚掌为轴，同时向右旁碾动，成正小八字步，反复按此进行练习。

动作要点：将重心在双脚上，必须同时碾动，膝放松，动作连贯，碾动时保持身体平稳。

②双碾步

预备势站正步，以双脚跟为轴，双脚尖同时向右（或左）碾动，然后再以双脚尖为轴，双脚跟同时向右（或左）碾动，反复按此进行练习。

动作要点：与单碾步相同。

（3）圆场步

沿圆线行进，将左脚上一步，脚跟靠在右脚尖前，脚跟先着地，再移至前脚掌，同时右脚跟提起。右脚做法同左脚，两脚动作保持在一条线上。

动作要点：上腿部分相互靠拢，将膝微屈放松，快与慢走时都要求身体平稳。

（4）弧形步

将两腿微屈，两脚迅速连续向前行进。每步大小略比肩宽，走弧形路线。眼注视龙体。

动作要点：挺胸、塌腰，身体重心要平稳，并随龙体上下运行起伏行进。在落步时，由脚跟迅速过渡到全脚掌，并注意方向转换、转腰。

4. 跳跃翻腾

（1）蹚子

经助跑、趋步后，将上体侧转前压，两手体前依次撑地，随即两腿依次向后上蹬、摆。经倒立部位后，推地，并腿后踹。当前脚掌蹬地后，急速带臂，梗头向外转体90°跳起。

动作要点：在两脚摆过倒立部位后，用力推地。两腿快速向后下压，身体与地面成45～55°夹角；在跳起时急速立腰，并梗头，含胸，提气，两臂配合向前上方带。

（2）旋子

两脚并步站立，将身体右转，左脚向左迈步；两手向右平摆。接着，上体前俯并向左后上方拧转，左腿屈膝，两臂随身体平摆，同时，右腿向后上方摆起，左腿蹬地伸直相继向后上方摆起，使身体在空中平旋一周。随后，右、左脚依次落地。

动作要点：蹬地、转头、甩腰、摆臂以及摆腿协调配合，身体在空中俯身水平旋转。

（3）抢背

将右脚在前，左脚在后，两脚交错站位。左脚从后向上摆起。右脚蹬地跳起，团身向前滚翻，两腿屈膝。

动作要点：肩、背、腰、臀要依次着地，滚翻要圆、快，立起要迅速。

（4）旋风脚

将左脚向左上步，同时左手向前、向上摆起，右臂持龙珠伸直向后、向侧摆动。右腿随即上步，脚尖内扣，准备蹬地踏跳。左臂向下摆动并屈肘收至右胸前，同时左臂向上、向前抢摆，上体向左转前俯。将中心右移，右腿屈膝蹲地跳起，左腿提起向左上方摆体旋转一周，右腿做里合腿，左手在面前迎击右掌，左腿自然下垂。

动作要点：右腿做里合腿时，要贴近身体。摆动时，膝挺直，由外向里成扇形；击响点要靠近面前。左腿外摆要舒展，并在击响的一刹那离地腾空。在初学时，左腿可自然下垂。当能够较熟练的完成腾空动作时，将左腿逐渐高摆，屈膝或直腿收控于身体左侧；抢臂、踏跳、转体、里合右腿等环节要协调一致，身体的旋转不少于270°。

（5）侧空翻

左脚向前上步蹬地伸展髋、膝、踝关节，右腿向后上摆起。同时上体向左侧倾，利用摆腿惯力使身体在空中向左侧翻转，然后右脚、左脚相继落地。

动作要点：两腿伸直，翻转要快，落地要轻。

（6）后空翻

站立开始，两臂预先后摆，然后经下向前上方领，配合两腿屈膝后蹬地跳起。腾空后提膝团身，抱腿向后翻转，至3/4周时，两臂上举，展体落地成站立。

动作要点：两臂积极向上带起，提肩，梗头，含胸，立腰；在跳起接近最高点时两臂立即制动，迅速提膝，勒紧小腿，团身翻臀；至胸朝下时，迅速撤腿伸展抬上体。

（7）后手翻

"绷跳小翻"由两臂前举站立开始，体稍前屈，直膝，臀部后移，当失去重心时两脚蹬地，倒肩，两臂后甩，抬头挺胸，体后屈翻转。撑地经手倒立后，顶肩，推手，屈髋，插腿，立腰起立，用于连续接做后手翻。"绷跳小翻"，开始时两腿弯曲，在向后甩臂的同时，两脚蹬跳。在经过手倒立后，迅速顶肩，推手，提腰，屈髋，两腿迅速下压。在落地后，领臂跳起，用于连接空翻。

动作要点：甩臂，上体后倒，用力蹬地，挑腰，顶髋，后屈翻转；手前伸撑地，经倒立顶肩，推手，提腰，屈髋，至站立抬上体。

（8）腾空箭弹

将右脚向前上步，膝关节伸直，以脚后跟着地；左臂前摆，持龙珠后摆；目视前方。

接着，右脚踏实蹬地向上跳起，左脚随之向前、向上摆起，同时右脚蹬地向上跳起，使身体腾起；右腿迅速挺膝向前上方弹踢，脚面绷平，左腿屈膝回收。

动作要点：起跳腿要充分蹬伸，上体后倾要伴随向前送髋，同时注意提气、立腰，向上顶头；在空中要收髋、收腹、上体稍前倾。落地时，要用前脚掌先着地，然后过渡到全脚，随之屈膝、屈髋加以缓冲。

（9）鲤鱼打挺

将身体仰卧，两腿伸直向上举起，两掌扶于两大腿上。接着，借助两手推力，两腿向前上方快速摆动，同时挺胸、挺腹、头顶地。随两腿摆动的惯性使身体腾空跃起。然后，两脚同时落地站立。

动作要点：两掌动与面要协调一致，两腿分平小于两肩。

（二）舞龙的组合动作

1. 游龙动作

游龙是舞龙者在快速奔跑游走过程中，通过龙体运动的高低、左右、快慢的起伏行进，充分展现龙的婉转回旋、左右盘翻、屈伸绵延等龙的动态特征。游龙动作主要包括直线行进、曲线行进、走圆场、起伏行进、行进中越障碍等。

动作要点：龙体在行进中应遵循圆、弧、曲线的运动规律，舞龙者应协调地随龙体起伏行进。

2. 穿腾动作

穿腾包括穿越和腾越两种方式。龙体动作线路呈交叉形式，龙珠、龙头、龙身各节依次从龙身下穿过称为"穿越"。龙珠、龙头、龙身各节依次从龙身上越过称为"腾越"。穿腾动作主要包括穿龙尾、龙穿身、越龙尾、首尾穿肚、穿尾越龙身、腾身穿尾、龙脱衣、龙戏尾等。

动作要点：在做动作时，龙形应保持饱满，穿腾动作流畅不停顿，速度均匀，轻松利索，不拖地，不碰踩龙身。

3. 翻滚动作

"翻滚动作"是指龙身运动到舞龙者脚下时，舞龙者利用滚翻、手翻等动作从龙身越过。在做翻滚动作时，必须在不影响龙身运动的速度、幅度、美感的前提下，及时完成。

动作要点：动作应干净利索，规范准确，并保持龙身运动轨迹流畅圆顺，龙形饱满。

4. "8" 字舞龙动作

"8"字舞龙动作指舞龙者将龙体在人体左右两侧交替做"8"字环绕的舞龙动作。"8"字舞龙动作包括原地"8"字舞龙和行进间"8"字舞龙。并且该动作可以结合伴奏锣鼓的节奏作快慢变化。同时，也可以充分利用舞龙者的身体姿势变化，如在单跪、靠背、跳步、抱腰、绕身等身体姿势下，做各种不同的"8"字舞龙。

动作要点：在做"8"字舞龙动作时，动作要圆顺，队员速度要一致，做到龙体运动与人体协调、统一。

5. 组图造型动作

组图造型动作是指龙体在运动中组成活动的图案和相对静止的龙体造型，主要包括龙门造型、塔盘造型、龙出宫造型、蝴蝶盘花造型、上肩高塔造型、龙尾高翘、人横 8 字花慢行进等。

动作要点：要求静止造型形象逼真，以形传神，以形传意，与龙珠配合协调，组图造型连接、解脱要紧凑、利索。

（三）舞龙的基本方法

1. 舞龙珠

龙队的指挥者即为持龙珠者，在鼓乐伴奏下，指挥者引导舞龙者完成龙的游、穿、腾、跃、翻、滚、戏、缠、组图造型等动作和成套动作，整个过程要生动、顺畅、协调。

动作要点：双眼随时注视龙珠，并环视整队及周边环境的情况变化，与龙头保持协调配合，同时与龙头保持 1 米左右的距离，龙珠保持不停地旋转。

2. 舞龙头

在舞龙头时，龙头动作紧随着龙珠移动，龙嘴与龙珠相距 1 米左右，似吞吐之势，注意协调配合，应时时注意龙头不停地摆动，展现出龙的生气与活力、威武环视之势。

动作要点：在龙头替换时，不能影响动作的发挥；因龙头体积较大，在左右摆动时不得碰擦龙身或舞龙者；与龙珠保持 1 米左右的距离。

3. 舞龙身

舞龙身者必须随时与前后保持一定的距离，眼观四方紧跟前者，走定位，空中换手时尽量将龙身抬高，甚至可跳起；舞低时，尽量放低，但千万别将龙身触地，在高低左右舞动中，龙翻腾之势即展现其中；还必须随时保持龙身蠕动，造成生龙活虎之势。在跳与穿的动作中，需要特别注意的是柄的握法，柄下端不可多出，否则会刮伤别人。龙身在左右舞动时，龙身运动轨迹要圆滑、顺畅；龙身不可触地，脱节；龙体不可出现不合理的打结。

动作要点：在左右舞动时，龙身运动轨迹要圆滑、顺畅；龙身不可触地、脱节；龙体不可出现不合理的打结。

4. 舞龙尾

在龙尾舞动时，翻尾要轻巧生动、不拖泥带水，否则容易使龙尾触地，损坏器材，并且还会让人感到呆板。龙尾亦是时时成为带头者，由于有些动作必须龙尾引首，龙尾亦是整条龙舞动弧度大小的控制者，因此，具有明确精练的头脑亦为舞龙尾者必备的条件。持龙尾在穿和跳的动作里，更应注意尾部，勿被碰撞或碰撞别人，最重要的是随时保持龙身的摆动。

动作要点：不能触地；龙尾在舞动过程中始终保持左右的晃动；并控制左右舞动弧度的大小。

三、舞狮运动实践

舞狮运动是指由狮头、狮尾组成的单狮，运用各种步形步法，模仿狮子的摔、跌、扒、跃等动态，通过腾、挪、闪、扑、回旋、飞跃等高难动作演绎狮子喜、怒、哀、乐、动、静、惊、疑八态，表现狮子的威猛与刚劲以及惟妙惟肖的憨态可掬神态的一种民族传统运动。在舞狮运动过程中，其舒缓婉转之处，令人忍俊不禁，拍手称绝；其飞腾跳跃之时，让人胆战心惊，昂扬振奋。

（一）舞狮的分类

根据地域区分，舞狮运动可以分为北方舞狮和南方舞狮两种。

1. 北狮

北狮主要是表演"武狮"，也就是魏武帝钦定的北魏"瑞狮"。小狮一人舞，大狮由双人舞，一人站立舞狮头，一人弯腰舞狮身和狮尾。舞狮人全身披包狮被，下穿和狮身相同毛色的绿狮裤和金爪蹄靴，人们无法辨认舞狮人的形体，它的外形和真狮极为相似。而引狮人打扮为古代武士，手握旋转绣球，配以京锣、鼓钱、逗引瑞狮。狮子在"狮子郎"的引导下，表演腾翻、扑跌、跳跃、登高、朝拜等技巧，并有走梅花桩、窜桌子、踩滚球等高难度动作。

2. 南狮

南派狮舞主要是表演"文狮"，在表演的过程中对表情极为注重，有搔痒、抖毛、舔毛等动作，惟妙惟肖，逗人喜爱，也有难度较大的吐球等技巧。广东是南狮的中心，南狮在港粤、东南亚侨乡中非常盛行。南狮虽然也是双人舞，但舞狮人下穿灯笼裤，上面仅仅披着一块彩色的狮被而舞。相较于北狮，南狮"狮子郎"头戴大头佛面具，身穿长袍，腰束彩带，手握葵扇而逗引狮子，以此舞出各种优美的招式，动作滑稽风趣。南狮有很多种流派，有清远、英德的"鸡公狮"，广州、佛山的"大头狮"，高鹤、中山的"鸭嘴狮"，东莞的"麒麟狮"等。南狮除外形不同外，其性格也有不同。白须狮舞法幅度不宽、花色品种不多，但沉着刚健，威严有力，民间称为"刘备狮"。黑须红面狮，人称"关公狮"，舞姿勇猛而雄伟，气概非凡。灰白胡须狮，动作粗犷好战，俗称"张飞狮"。狮子是丛林之王，百兽之尊，形象雄伟俊武，给人以威严、勇猛之感。古人将它当作勇敢和力量的象征，认为它能驱邪镇妖、保佑人畜平安。因而，人们逐渐形成了在元宵节时及其他重大活动里舞狮子的习俗，以祈望生活吉祥如意，事事平安。

（二）舞狮的基本动作实践

1. 狮头的握法

（1）单阴手

单手握狮头，手背朝上，大拇指托狮舌，其余四指握在狮舌上方。

（2）单阳手

动作与单阴手相反，掌心朝上。

（3）双阴手

动作与单阴手相同，两手握于狮舌两侧头角处。

（4）双阳手

握法与双阴手相反，握的部位相同。另外，根据要表演狮子神态的需要还有开口式、闭口式等握法。

2. 狮尾的握法

（1）单手握法

舞狮尾者一手用大拇指插入舞狮头者的腰带，与四指轻抓腰带，另一手可做摆尾等动作。

（2）双手握法

双手大拇指插入舞狮头者的腰带，做各种动作时应紧握。

3. 基本步法

（1）上步和退步

两脚平行站立，左（或右）脚向前进步，另一脚跟上，即为上步，反之为退步。

（2）侧步

包括左侧步和右侧步。两脚平行站立，左（或右）脚向左（或右）侧进一大步，另一脚跟上，即为左侧步，反之为右侧步。

（3）弓步

右腿大小腿弯曲，大腿成水平，上体正对前方，成前弓后绷型。

（4）扑步（铲步）

左腿大小腿弯曲全蹲，重心在左腿。右腿向右侧前伸，大小腿成一直线，脚掌内扣。左右动作相同，但方向相反。

（5）跪步

从基本站立姿势开始，左腿大、小腿弯曲约90°，右大小腿弯曲小于90°，右膝关节和右脚趾着地，上体稍前倾，将重心放在右脚。右与左动作相同，方向相反。

（6）虚步

左腿弯曲，将重心放在左腿，右脚大、小腿微曲，脚尖前点。左与右动作相同，方向相反。

（7）吊步

在虚步的基础上，提起右腿，支撑腿微曲，右大腿在体前成水平，膝关节放松，小腿自然下垂，脚尖绷直。左与右动作相同，方向相反。

（8）插步

从基本站立姿势开始，将重心移至左脚，右脚提起，从左脚的左后方下插，左右腿成交叉。右插步与左插步动作相同，方向相反。

（9）跃步

从基本站立姿势开始，下蹲用力蹬地，向左（或右）上方跃起，下地后还原。

（10）探步

从右虚步开始，右腿提起，右大腿成水平，以左膝关节为轴，小腿前伸，脚尖前点。左与右动作相同，方向相反。

（11）交叉步

分为左、右交叉步。移动方向的异侧脚向运动方向一侧跨出一大步（经两腿交叉），另一脚随即向运动方向一侧跨出一步成平行站立。

（12）开合步

从基本站立姿势开始，两脚蹬地，两腿向左右分开宽于肩；两脚蹬地，两腿并拢，完成动作的过程时，上体保持基本姿势。

（13）行礼步

从基本站立姿势开始，以左为例。两脚用力蹬地，向上跃起，在中线落地，将重心放在右脚，成左虚步。右虚步与左虚步相同，方向相反。

（14）麒麟步

从基本站立姿势开始，将重心移至左脚，右脚经左腿前向左移步，左右腿交叉，两腿弯曲，将重心在两腿中间。右与左动作相同，但方向相反。

（15）小跑步

从基本站立姿势开始，脚跟提起，前脚掌着地，左右脚交替小跑前移。

（16）小跳步

跳步的要求比较严格，可随着舞狮的方向任意跳跃，可单脚跳，也可双脚跳。除上述方法外，还有单跳步、跨跳步、击步、碎步、并脚直立跳、双飞脚、打转身等。

两腿用力蹬地，向前方跳起，腾空的同时，稍向左转，两脚落地成侧向马步。左与右动作相同。

（17）大四平步

两脚左右开立宽于肩，两腿弯曲，两大腿呈水平，上体正直，收腹挺胸。

（18）金鸡独立步

将右腿提起，大腿成水平，大、小腿弯曲小于90°，脚尖绷直，将上体稍前倾。左与右动作相同，方向相反。

4.基本动作

（1）摇头摆尾

2人在原地，舞狮头者不断地将狮头东摆西摇，舞狮尾者随着狮头的摆动协调地进行摆尾。

（2）叩首

2人一组，舞狮头者将狮头持于头上，用小碎步快速向前跑动，在跑动过程中将狮头举起，并不停地左右摇头和眨眼，舞狮尾者低头塌腰，双手搂住前者腰部，用小碎步或左右摆尾跟着前者行进运动，然后，用同样的碎步动作退回，两者配合做狮子叩拜动作。动作方向为先左后右，最后向中间叩拜，叩拜时下肢伴随做小跳步动作。

（3）翻滚

2人一组，后面队员抓住前面队员腰的两侧，将身体重心下降，屈腿半蹲，一脚蹬地，向一侧滚动，滚身时前者须将狮头举高。

（4）叠罗汉

舞狮尾者站马步，舞狮头者两脚站于狮尾者的膝盖上，舞狮尾者扶住舞狮头者的腰，使其平衡、稳定，舞狮头者持狮头做各种动作。

（5）引狮员基本动作

引狮员的动作有静态和动态之分，静态动作是指引狮员静态亮相的动作，如弓步抱球、高虚步举球、弓步戏球等。动态动作是指引狮员在运动过程中完成的动作，如行步、跳跃、翻腾等。

第三节　民族传统体育项目的运动保健

在民族传统体育项目运动中，由于多方面因素的影响，往往会出现一些运动性疲劳和运动性损伤的现象，这些都会对正常的运动和训练，甚至身体健康带来影响。本节主要对民族传统体育运动性疲劳的产生和消除、运动性损伤的预防和处理进行介绍。

一、民族传统体育运动性疲劳的产生与消除

（一）运动性疲劳的产生原因

在经过一段时间的民族传统体育运动之后，人体就会出现肌糖原大量消耗，血液中的血糖浓度也会下降，水分和无机盐丢失严重，体内乳酸堆积较多等现象，在这种情况下，就会产生运动性疲劳。另外，在非周期性的民族传统体育运动项目中，技术动作的不断变化和动作技能的复杂程度是影响运动性疲劳的重要因素。运动性疲劳主要的产生原因主要有以下几个方面。

1. 能量物质耗竭

以传统武术训练为例，在武术运动中，其主要以无氧糖酵解供能为主，直接能量来源于骨骼肌中的 ATP 分解，而 ATP 主要是通过 CP 的分解和糖酵解形成的。在武术运动中，ATP 主要是通过无氧酵解来合成，伴随着运动负荷的增大，体内肌糖原大量分解消耗，肌肉中的 ATP 和 CP 也大量消耗，同时产生大量的乳酸。因此，在运动时出现 HL 值升高，血 pH 值降低，发生失代偿性酸中毒，致使 ATP 合成量减少，肌肉的运动能力降低，进而产生疲劳。

2. 中枢神经失调

在民族传统体育项目中，有很多的项目具有复杂的动作，变化较多，在运动的过程中，运动者需要内外合一、形神兼备，做到神情专注、情绪饱满，将内在的精、气、神与外部的形体动作紧密结合，手眼相随、手到眼到、形断意连，意识与呼吸、动作协调一致。例如武术运动，它独特的运动形式使大量兴奋冲动向大脑皮层相应的神经细胞传递。在神经细胞长时间的兴奋冲动中，能源物质大量消耗，为了避免能源物质消耗过多，当消耗到一定程度时，相应的神经细胞就会产生保护性抑制，出现中枢神经的支配失调，运动能力下降，进而产生疲劳。另外，大运动量体育运动，会使血液大量地流入肌肉，从而使大脑的血流量减少，致使脑 pH 值下降，大脑神经细胞的供氧量暂时不足，造成运动能力下降，进而导致疲劳产生。

3. 内环境物质代谢失调

在民族传统体育项目中，武术运动属于亚极量强度的无氧练习，其能量主要来源于糖、脂肪、蛋白质的有氧代谢或无氧代谢。一些研究资料表明，长拳运动的能量主要来自乳酸能，在运动后 5 分钟左右，血乳酸浓度达到最高。大运动量的武术训练，由于能源物质的大量消耗，使得体内维生素含量下降，无机盐、水分等大量丢失，进而引起机体内环境物质代谢功能失调而产生疲劳。

（二）运动性疲劳的表现

通常情况下，将疲劳分为轻度疲劳、中度疲劳和重度疲劳三种。

1. 轻度疲劳

人体在经过运动之后必然会产生疲劳，例如呼吸变浅、变快，心跳加快等。这类疲劳属于轻度疲劳，轻度疲劳在短时间内可以消除。

2. 中度疲劳

中度疲劳表现在以下三个方面：

（1）在自我感觉方面表现为全身疲倦、嗜睡、头晕、无力等；

（2）在精神方面表现为精神不集中、焦躁不安、没有耐性、无热心、情绪低落、经常出差错等；

（3）在全身方面表现为眩晕、面色苍白、肌肉抽搐、呼吸困难、口舌干燥、声音嘶哑、腰酸腿疼等。

在一般情况下，通过采取一系列手段也能很快消除中度疲劳，并且不会对身体健康产生影响。

3. 重度疲劳

当人体出现神经反应迟钝、不易兴奋、烦躁、抵触等现象时，就意味着产生了重度疲劳。肌肉力量下降，收缩速度放慢，肌肉出现僵硬、肿胀和疼痛，动作变得缓慢、不协调。同时，机体抵抗或适应阶段所获得的各种能力消失，并出现应激相关疾病，表现器官功能衰退，导致重度疲劳。在出现重度疲劳后，如果不采取相应的措施使其及时消除，那么必然会对学习和生活产生影响，并使身体受到损伤。

1935 年，西蒙森（Simonson）提出疲劳包括下列几个基本过程：

（1）代谢基质疲劳产物的积累（积累学说）；

（2）活动所需基质耗竭（衰竭假说）；

（3）基质的生理化学状态改变；

（4）调节和协调机能失调。

从运动的性质、持续时间和强度分析，运动性疲劳可以分为短时间运动中产生的肌肉性疲劳和持久运动产生的全身性疲劳两类。但是，由于运动性疲劳的产生是多种因素综合形成的，一个因素或者多个因素的相互作用都有可能导致疲劳的产生，因此，在 1982 年，英国 Ethwards 提出了运动性疲劳的突变理论，也就是说，当身体能量物质下降到一定程度时，兴奋性突然崩溃了，使身体的输出功率迅速下降，在细胞遭受损害之前以疲劳出现迫使运动停止，起到了保护身体的作用。当然，从体育训练的角度来看，如果运动不产生疲劳，就不会有超量恢复，那么运动也就没有任何的效果。话虽如此，但在运动的过程中，也要防止过度疲劳的出现，以防对身体造成损伤。

（三）运动性心理疲劳的表现

进行民族传统体育运动项目训练，除了会产生身体疲劳之外，还会产生心理疲劳，出现心理疲劳的主要表现就是厌恶训练，此外，运动者的心理技能表现主要有以下几个方面。

1. 主观体验和行为表现

当运动者产生心理疲劳时，其主管上就会感觉乏力，对接下来的训练和比赛缺乏积极性，运动动机和训练热情都会下降，并且烦躁易怒，对外界刺激特别敏感。在某些情况下，会因对个别技战术缺乏认识或兴趣而产生极度的厌倦心理，进而以一种消极被动的态度应付训练。

2. 适应性

在运动性心理疲劳产生后，如果不能恢复或恢复不足时，心理疲劳会逐渐地累积，当累积到一定程度时，就会对运动者的运动行为产生负面影响，从而使他们无法快速的适应训练和比赛。

3. 情绪性抑制反应

运动者在心理疲劳产生之后，其运动能力就会下降，情绪也会不稳定，意志力减弱，甚至还可能导致情感紊乱的加重。相关研究表明，抑郁是心理疲劳产生的征兆。

（四）民族传统体育实践中运动性疲劳的消除

1. 运动中的恢复手段

在经过一定强度的民族传统体育项目训练之后，人体的肌肉中就会堆积一定量的乳酸，这些堆积的乳酸会直接导致肌肉机能的下降。在经过剧烈运动之后，如果采取完全静止休息的方式来恢复，那么肌肉中的乳酸排除就较慢，从而延长恢复所需要的时间，但如果采用一定时间的强度较小的运动，则可以加快乳酸的分解，从而实现快速恢复。另外，如果在运动结束阶段，进行一些游戏性的活动，也能加快恢复的速度，这些都是运动者运用较多的恢复手段。

2. 运动后的恢复手段

运动后加快肌肉恢复的方法比较多，以下主要对睡眠、按摩、拉伸练习、药物疗法、整理活动进行说明。

（1）睡眠

充足的睡眠是消除疲劳和恢复体力的有效方法。在睡眠的时候，大脑皮层的兴奋程度降低，体内的分解代谢会处于最低水平，而合成代谢则高于分解代谢，这种此消彼长的关系有利于蓄积体内能量。因此，运动者在运动之后，应当保证充足的睡眠时间，一般不可少于 8 ~ 9 小时，保证机体的恢复。如果是在大运动量训练和比赛期间，则睡眠时间应适当延长。

（2）按摩

按摩也是一种积极的消除运动性疲劳的方式。通过对机体进行按摩，可以缓解大脑皮层的兴奋，使神经调节趋于正常，另外，通过按摩还可以促进身体局部或全身的血液循环状况，促进代谢产物的消除，从而减轻肌肉的酸痛和僵硬，提高肌肉的收缩力，改善关节的灵活性。按摩的方式有人工按摩、机械按摩、水力按摩和气压按摩四种，其中人工手法按摩是最受运动者欢迎的方法，在按摩时以揉捏为主，并交替使用按压、叩击等手法，使运动员在放松的过程获得恢复。按摩的时间可以是在运动结束后，也可以在晚上睡觉时进行，然后根据运动者承受运动的负荷部位，进行局部或全身按摩。在条件允许的情况下，运动者也可采用有振动的机械按摩和脉冲水力按摩及气压按摩。这几种按摩的主要手法是推拿、揉搓、捏拉、拍打、抖动、按压等。

（3）拉伸练习

拉伸练习是根据肌牵张反射引起肌肉放松的原理而给肌肉施加的一种刺激，这种刺激有利于肌肉的放松。对开始出现弹性下降的肌肉进行伸展，可以使挛缩的肌纤维展拉，达到放松、促进血液循环的目的。拉伸练习的生理效果在于改善肌肉血液循环，减轻因运动性疲劳而造成的肌肉疼痛，消除肌肉僵硬现象，使缩短的肌纤维重新拉长，恢复弹性。

（4）药物疗法

适当的服用一些药物也能有效地消除运动疲劳，例如中药黄芪、参三七、刺五加、维生素 B1 和 B12、维生素 C 和 E 等。这些药物可以对人体的生理机能进行调节，促进人体新陈代谢，补充能量，改善血液循环，减少组织耗氧量，补充肌肉营养，从而能够有效地促进疲劳的消除。

（5）整理活动

在出现运动性疲劳之后，进行适当的整理活动也能有效地促进疲劳的消除和体力的恢复。在运动后做整理活动，能够使心血管系统、呼吸系统仍保持在较高水平，从而有利于偿还运动时所欠的氧债和使生理机能水平逐渐平缓及逐渐下降到一定的水平上。整理活动的形式有很多种，可以是慢跑，也可以是呼吸操等方式。

二、民族传统体育运动性损伤的预防与处理

民族传统体育实践中的运动性伤病分为运动性损伤和运动性疾病。运动损伤是指运动过程中发生的各种损伤。运动性损伤的危害较大，其不但可以使运动员无法正常的进行训练和比赛，甚至还会使运动员形成残疾或失去生命，此外，在发生运动性损伤后，还会使运动员产生心理阴影，从而影响体育运动正常进行。因此，每一个民族传统体育运动员都应熟悉和掌握运动损伤防治的基本知识。而运动性疾病则是指机体对运动应激因子不适应或者训练安排不适当而造成的机体内环境紊乱所出现的一类疾病。如：过度紧张、过度训练、昏厥、运动中腹痛、运动性血尿、肌肉痉挛等，以下重点对运动性损伤与运动性疾病的预防和处理进行介绍。

（一）民族传统体育实践中运动性损伤

1. 运动性损伤的发生原因

在进行民族传统体育运动的过程中，往往因为某些因素的影响而发生运动性损伤。虽然运动性损伤的类别有很多种，但大多数运动损伤是可以预防的。因此，只要我们对运动性损伤的产生的原因有一定的了解，进而采取相应的措施，就能减少或避免运动性损伤的发生。

（1）外在原因

科学训练水平不高。当前，在新运动员中，由于民族传统体育项目的训练科学化训练

水平不高而造成的运动性损伤是最多的。其主要表现在许多新运动者在进行技术动作训练时不规范、不合理，主动肌与对抗肌收缩不协调，以及自我保护能力较低等因素。

慢性劳损。慢性劳损是运动者身体局部过度活动、长期负重，或某部受到持续、反复的外力作用而造成的慢性积累性损伤。这种损伤一般在老运动员中发生较多。在人的腰部以及反复受到牵拉、应力作用的髌骨部位最容易发生慢性劳损，并且慢性劳损的病因很难祛除，伤病也很难治愈。此外，慢性劳损还与不科学的运动训练、新伤的不彻底治疗以及重复受伤有关。

场地、器材条件。在民族传统体育活动中，场地、器材不适宜也是产生运动性损伤的一个重要因素。例如场地滑或粗糙、灯光不适宜等很容易造成运动者摔伤和扭、拉伤。此外，运动者服装和鞋袜不合适，也会导致意外伤害事故的发生。因此，对运动场地、器材条件也应引起高度重视。

（2）内在原因

缺乏充分的准备活动和整理活动。运动者在比赛和训练前做好准备活动，也是预防外伤和内伤的一个非常重要的环节。

运动者生物学机能状态不佳。运动者在生物学机能状态不佳的情况下进行运动或训练也是导致运动性损伤的一个重要原因。例如在过度训练、疾病、生物周期性低潮期、女运动者经期等情况下进行运动或训练，运动者往往很难集中精力，从而使得动作协调性下降，肌肉、关节的本体感受性降低，竞技状态低下，进而造成运动性损伤。此外，在民族传统体育训练中，如果强度太大运动量太大，那么也容易造成心血管、呼吸等系统的"内伤"。

肌肉收缩力下降。在年轻运动者中，由肌肉收缩力引发的损伤比较常见。出现这类损伤的原因主要是由于队员技术动作僵硬不合理、主动肌群和被动肌群收缩不协调，或身体大、小肌群力量的不匹配而造成。在这种情况下所受的损伤大多为撕裂伤或拉伤，累及部位多为肌腹、肌肉与肌腱的过渡部位，以及肌腱附着处。

2. 运动性损伤的预防措施

为减少或避免运动性损伤的发生，就需在进行运动之前采取相应的预防措施，进行积极预防。通过对民族传统体育项目的多方面分析，找出其导致运动性损伤发生的原因，进而制定合理有效的措施，降低发生损伤的风险。

全面准确了解自身状况。在做预防工作之前对自身的健康状况进行全面的了解是必不可少的。了解自身的健康状况可以从体检和向有关专家咨询两个方面着手，这样能够有效地避免或减少因身体条件所造成的运动损伤的发生。

运动以提高身体素质为目的。在出现的运动损伤中，大部分是由于学生体能或体力差而引起的，因此，运动者在进行运动之前应当根据自身的具体条件来调节运动情绪、运动负荷以及运动情绪等，可以根据自身的爱好来发展自身的能力，提高身体素质。这样不但可以有效地防止运动损伤的发生，还能提高自身的身体素质，增强对民族传统体育的喜爱。

对抗性的运动锻炼时需要互助。在民族传统体育项目中，对抗性的运动较多，因而很容易发生冲突、摔倒等现象。对此，运动者应该掌握自我保护身体的运动技巧，以防止出现损伤或减轻损伤的程度。平时多向老师请教运动损伤的处理方法，并学会互相救助的方法，避免较大损伤的出现。互助也是一种重要的防护措施。在一些激烈的比赛中，由于人员的情绪高涨，因而很容易产生粗野的动作，也就相应地增加了出现损伤的风险，因此，在运动中要有运动安全和良好体育道德，以减少那些人为因素所产生的损伤。

做好充分的准备活动。在进行运动之间做好充分的准备活动可以提高中枢神经系统的兴奋性，使它达到适宜的水平，加强各器官系统的活动，克服各种功能，尤其是植物性功能的惰性。通过恢复全身各关节肌肉力量和弹性，并恢复因休息而减退了的条件反射性联系，为正式运动做好充分的准备。需要注意的是，准备活动的运动量和活动内容应根据具体的气候条件、个人各器官系统的功能状况和运动项目的情况而定。

加强易伤部位的训练。对易伤部位和相对较弱部位加强训练，提高它们的功能，以达到预防运动损伤的目的。例如，为了预防髌骨劳损，可用"站桩"的方法来提高股四头肌和髌骨的功能；为了预防腰部损伤，可以加强腰腹的训练，提高腰腹肌的力量。

加强医务监督与运动场地安全卫生的管理。在进行运动时，运动者自身要做好自我医务监督。当发现身体有不良反应时，要认真分析原因，并采取必要的保健措施，严格掌握运动量，不宜练习高难动作。另外，对运动场地、器械设备及个人的防护用具要做好认真检查和管理，不要在不符合体育卫生要求的场地上或穿着不符合体育卫生要求的服装、鞋子进行运动等。

3. 常见运动性损伤的处理

（1）挫伤

挫伤是指肌体某部受钝性外力作用，导致该处及其深部组织的闭合性损伤。在民族传统体育的球类运动中，跑、跳等动作极易发生挫伤，例如大腿的肱四头肌挫伤、小腿前部的骨膜挫伤、小腿后部的小腿三头肌挫伤、上肢挫伤、头部挫伤等，在挫伤发生后一般会出现肿胀、疼痛、皮下出血和功能障碍等症状。

处理方法：受伤后应马上进行局部冷敷、外敷新伤药等，并适当加压包扎，抬高患肢，以减少出血和肿胀。肱四头肌和小腿后群肌肉的严重挫伤多伴有部分肌纤维的损伤或断裂，组织内出血形成血肿，应将肢体包扎固定后，迅速送医院诊治。头部和躯干部的严重挫伤可能会伴有休克症状，应认真观察呼吸、脉搏等情况，休克时应首先进行抗休克处理，使伤员平卧休息、保温、止血、止痛，疼痛严重者，可口服可卡因，或肌肉注射哌替啶，并立即送医院诊治。

（2）擦伤

擦伤是指肌体表面与粗糙的物体相互摩擦而导致的皮肤表层的损害。发生擦伤后一般会出现表皮剥脱，有小出血点和组织液渗出等症状。

处理方法：对一般较轻较小的擦伤，可以用生理盐水或其他药水冲洗伤部，涂抹红药水或紫药水，无须包扎，一周左右就可痊愈。面部擦伤宜涂抹 0.1% 新洁尔溶液。一般情况下较大的擦伤伤口易受污染，需用碘酒或酒精在伤口周围消毒，如果创面中嵌入沙粒、炭渣、碎石等，应用生理盐水棉球轻轻刷洗，消除异物，消毒后撒上云南白药或纯三七粉，盖上凡士林纱布，适当包扎。若不发生感染，两周左右即可痊愈。关节周围的擦伤，在清洗、消毒后，最好用磺胺软膏或青霉素软膏等涂敷，否则会影响活动，并易重复破损。

（3）拉伤

拉伤是指肌肉受到强烈牵拉所引起的肌肉微细损伤、部分撕裂或者完全断裂。在民族传统体育运动中，比较常见的拉伤为大腿后群肌肉和小腿后群肌肉的拉伤。发生拉伤后一般会出现局部肿胀、疼痛、压痛、肌肉发硬、痉挛、功能障碍等症状。

处理方法：拉伤时应立即采用氯乙烷镇痛喷雾剂等进行局部冷敷，加压包扎，并把患肢放在使受伤肌肉松弛的位置，以减轻疼痛。肌纤维轻度拉伤及肌肉痉挛者，用针刺疗法会取得良好的效果。肌肉、肌腱部分或完全断裂者应在局部加压包扎，固定患肢后，马上送医院诊治，必要时还要接受手术治疗。通常拉伤 48 小时后才能进行按摩，手法一定要轻缓。

（4）骨折

骨折是指骨的完整性遭到破坏的损伤。骨折分为闭合性骨折，开放性骨折和复杂性骨折。闭合性骨折是指骨折处皮肤完整，骨折端不与外界相通。开放性骨折是指骨椎端穿破皮肤，直接与外界相通，这种骨折极易感染，易发生骨髓炎与败血症。复杂性骨折是指骨折断端刺伤了血管、神经等主要的组织与器官，发生严重的并发症，引发危及生命的一些症状。

处理方法：

骨折固定前最好不要移动伤肢，以免增加伤员的痛苦和伤情，应尽快固定伤肢，限制骨折断端的活动。对大腿、小腿和脊柱骨折应就地固定。

如果有休克和大出血等危及生命的并发症时，应立即抢救休克和止血，给予伤员较强的止痛药物，平卧保暖，针刺人中等，这时可以采取简要的止休克措施。

对有伤口或开放性骨折的伤员，首先要止血，止血多采用止血带法和压迫法。然后，用消毒巾或纱布包扎后，及时送到医院治疗。同时也要注意，对已暴露在伤口外的骨折断端不要放回伤口内，以免引起感染，也不可任意去除。

使用固定用具，长短宽窄要合适，长度须超过骨折部的上、下两个关节，夹板与皮肤之间要有垫衬物固定，先固定骨折部的上面和下面，再固定上下两个关节。

伤肢固定后要注意保暖，检查固定是否牢靠。四肢固定时要观察肢端是否疼痛、麻木、发冷、苍白或青紫，如出现这些情况则说明包扎过紧，需放松一些。

（5）撕裂伤

撕裂伤是指受到物体打击而引起的皮肤和皮上组织均出现规则或者不规则的裂口。

处理方法：轻者可先用碘酒或酒精消毒，然后用云南白药或其他药物和方法止血，再用消毒纱布覆盖，并适当加压包扎。如果不能制止出血，应尽量在靠近伤口处按规定缚以止血带，立即送医院治疗。当伤口较深、较大、污染较严重时，应立即送医院进行清创缝合手术，并口服或注射抗生素药物预防感染，并按常规注射破伤风抗霉素。

（6）关节扭伤

关节扭伤是指在运动中关节发生异常扭转，引起关节囊、关节周围韧带和关节附近的其他组织结构损伤。发生关节扭伤时一般会出现关节及周围疼痛、肿胀，有明显的压痛感觉，关节活动障碍等症状。

处理方法：急救时应仔细检查韧带是否部分撕裂或完全断裂，关节是否失去功能，注意以冷敷、加压包扎或固定关节为主，外敷活血止痛的药物。受伤严重时马上送医院作进一步的诊治。

（7）关节脱位

关节脱位是指关节面失去正常的联系。发生关节脱位时，通常伴有关节囊撕裂，关节周围的软组织损伤或破裂。关节脱位后，受伤关节疼痛，有压痛和肿胀，关节功能丧失，受伤的关节完全不能活动，出现畸形，关节内发生血肿。如果关节复位不及时，血肿会机化而发生关节粘连，增加关节复位的困难。如果没有修复技术，关节脱位后不可作修复回位的手术，以免加重损伤，应马上用夹板和绷带在脱位所形成的姿势下固定伤肢，尽快送医院治疗。

处理方法：发生肩关节脱位时，取三角巾两条，分别折成宽带，一条悬挂前臂，另一条绕过伤肢上臂，于肩侧腋下缚结。肘关节脱位时，用铁丝夹板，弯成合适的角度，置于肘后，用绷带缠稳，再用小悬臂带挂起前臂，也可直接用大悬臂带包扎固定。

（8）腰部肌肉筋膜炎（腰肌劳损）

腰肌筋膜炎，其病理改变有很多种，包括神经、血管、筋膜、肌肉、脂肪及肌腱的附着区等不同组织的变化。一般大多是由于急性扭伤腰部后治疗不彻底就参加运动，逐渐劳损所致。另外，锻炼中出汗受凉也是重要成因之一。腰部肌肉筋膜炎的症状主要有局部酸疼发沉等自发性疼痛、练习前后疼痛等

处理方法：可采用理疗、针灸、按摩、封闭、口服药物、用保护带（围腰）及加强背肌练习等非手术治疗手段；对顽固病例可手术治疗。

（二）民族传统体育实践中运动性疾病

1. 常见运动性疾病的发生原因

（1）晕厥的发生原因

精神、心理状态不佳。晕厥一般是因精神过度紧张，情绪过分激动或受惊恐，悲哀，或损伤后导致剧烈疼痛等而出现的，这些现象反射性地引起神经——体液调节紊乱，致使周围血管扩张，进而使脑组织缺血缺氧导致晕厥。

静脉回心血量降低。在剧烈运动过程中，下肢肌肉内毛细血管大量扩张，血流量明显增加，如果突然之间停止运动，则下肢的毛细血管和静脉便失去肌肉收缩对其产生的节律性挤压作用，从而使得血液大量积聚于下肢血管，导致回心血量明显降低，心输出量也随之减少，从而导致脑部供血不足而发生晕厥。

直立性低血压。当长时间站立、久蹲或长期卧床后突然改变或坐或站立体位，则会导致自主神经功能调节紊乱，从而使得体内血管的舒缩反应能力降低，引起回心血量骤减，亦可引起脑部缺血缺氧，进而发生晕厥。

胸廓内压力增高。在运动时，运动者吸气后用力憋气，使得胸腔和肺内压明显增高，从而影响上、下腔静脉血回流，致使心输出量减少，造成暂时性脑缺血而发生晕厥。

（2）肌肉痉挛的发生原因

寒冷刺激。在寒冷的运动环境中运动时，由于未做准备活动或做准备活动不充分，使得肌肉在低温环境下发生肌肉强直性收缩，出现肌肉痉挛。

电解质调节紊乱。在运动中，由于体温身高，机体为了散热，必然会导致大量出汗，在出汗的过程中，人体中的电解质也会随之排出体外。当大量出汗时，常出现失水多于失电解质（主要为细胞外液的 Na+），从而易发生高渗性脱水。严重时，由于细胞外液渗透压增高而引起中枢神经系统功能障碍，即发生肌肉抽搐等现象。

运动性肌肉损伤。研究表明，反复运动所致的肌肉纤维损伤后，钙离子进入细胞膜内，故肌细胞钙离子增高，使肌纤维收缩丧失控制，从而产生持续性肌肉收缩。另外，还由于剧烈运动造成局部组织缺血，致使神经——体液因素调节失调，局部某些致痛性物质增多，引起疼痛。而疼痛又反射性地引起肌肉痉挛。

肌肉舒缩失调。在剧烈运动中，肌肉连续过快地收缩，放松时间不足，从而使得肌肉收缩与放松不能协调交替，进而引起肌肉痉挛。

（3）运动中腹痛的发生原因

运动中的腹痛主要是由缺乏准备活动或准备活动不充分、运动强度增加过快、机体精神状况不佳、呼吸与动作之间节奏失调、膳食制度不合理、饮食不当等因素引起的。运动中腹痛的发病机理为：

肝、脾瘀血。出现肝、脾瘀血的原因主要是运动前准备不充分，或运动时速度过快或运动强度过大，使得机体各组织器官不能适应承受过重的负荷，影响心脏动脉血的搏出和静脉血的回流，从而使下腔静脉压力升高，引起肝静脉回流受阻，肝脏瘀血肿胀。在发生肝瘀血后，门静脉回流障碍，从而使得腹腔内不成对器官发生瘀血，继而脾脏瘀血肿胀，肿胀的肝、脾被膜张力增大，其末梢神经受压而产生疼痛。故病人常表现为左、右季肋区或上腹区疼痛。

胃肠功能紊乱。运动时，肌肉和内脏血液重新分布，而使胃肠道血流量相对减少，即出现胃肠道缺血、缺氧，继而发生胃肠道平滑肌痉挛，从而引起腹痛。此外，饭后过早参加运动，运动前吃得过饱，喝水过多或空腹运动等均可引起胃肠蠕动增加。其疼痛性质可以有胀痛、钝痛或绞痛。

呼吸肌痉挛。在民族传统体育运动中，如果未注意呼吸节律与动作的协调，则会致使呼吸肌活动紊乱，呼吸急促而浅，呼吸肌收缩不协调。也就是说过于频繁、过度紧张的呼吸肌运动易发生痉挛或损伤，并引起明显的疼痛。这种疼痛主要表现为患者不敢做深呼吸，疼痛部位以季肋部为多见，疼痛性质多为刺痛或锐痛。

此外，运动中腹痛也可因在原有腹腔内、外疾病的基础上，运动后诱发其产生腹痛。

（4）运动性血尿的发生原因

在医学上，运动性血尿的发病机理尚不十分清楚，但可以从以下几个方面对其进行初步解释。

肾静脉高压。通常来说，耐力性运动者体脂所占百分比不高，肾周围脂肪组织也不多，如果长时间跑、跳运动，则易使肾脏因受震动而发生位移，这样，肾静脉与下腔静脉之间的角度变成锐角或扭曲，从而使肾静脉回流受阻，引起肾静脉高压，而导致红细胞漏出。

肾缺血。在剧烈运动时，血液主要流向心、脑等重要脏器，而内脏血流量相对减少。当肾脏血流量减少时，就会使得肾组织缺血缺氧，从而影响肾小球的正常功能，其毛细血管壁通透性增加，致使红细胞漏出。

肾损伤。在运动过程中，肾脏遭受剧烈的震动、挤压或打击，易引起肾毛细血管损伤而出现血尿。

2. 常见运动性疾病的预防措施

（1）晕厥的预防措施

经常坚持体育锻炼，提高心血管机能。同时，应注意以下几个方面：疾跑后应缓冲慢跑一段距离，不要立即站定，调整呼吸；久蹲后应缓慢起身，以防止直立性低血压；饥饿或空腹时不宜参加体育活动；做力量性运动时要注意呼吸与运动配合，避免过度憋气；在进行剧烈运动后，应休息约半小时再洗浴，防止因周围血管扩张而导致心脑组织缺血，避免晕厥的发生。另外，一旦感觉有晕厥前兆发生时，应立即俯身低头或平卧。

（2）肌肉痉挛的预防措施

注意加强体育锻炼，提高机体的耐寒能力。另外，在每次运动前要做好充分的准备活动。对于运动中承受负荷大或易发生痉挛的肌肉，进行适当的运动前按摩。冬季运动要注意做好保暖措施。夏季运动时或剧烈运动或长时间运动时，要及时补充水分、电解质和维生素。饥饿、疲劳时不进行剧烈运动。游泳下水前注意用冷水冲淋全身，以提高身体对寒冷环境的适应能力。

（3）运动中腹痛的预防措施

合理安排膳食，不宜过饱、过饥或过度饮水，安排好进餐与运动的间歇时间，在进餐后应休息 2 小时左右，再进行剧烈运动。运动前充分做好准备活动，运动中注意呼吸的节奏，中长跑运动时应合理分配速度。平时注意加强全面身体训练，以提高生理机能，并合理地增加运动负荷。对于因各种疾患引起的腹痛症状，应及早就医确诊，彻底治疗。病愈后须在医生指导下进行体育活动。

（4）运动性血尿的预防措施

合理安排运动量，注意个人防护和个人卫生。防止在过硬的地面上反复跑跳，避免长时间做腰部的猛烈屈伸运动。

3. 常见运动性疾病的处理

（1）晕厥的处理

晕厥是指突然发生的、暂时性的意识、行为能力丧失的一种生理现象。其主要发病机理是脑部一时性缺血、缺氧所致。

处理方法：处理原则是保持安静，注意保暖，对症治疗。首先使病人处于平卧或头略低位，松解衣领及束带，立即用热毛巾作面部热敷，同时，作双下肢向心性按摩，手法采用重推或重揉捏，并点掐或针刺人中、百会、涌泉等穴。待患者清醒后给以热饮料或热开水，并注意休息。若经上述处理神志仍未能及时恢复，应将患者及时送医院做进一步抢救。

（2）肌肉痉挛的处理

肌肉痉挛俗称抽筋，是肌肉不自主地强直性收缩的一种现象。肌肉痉挛在所有运动项目中都有可能出现，在游泳、举重、长跑、蹴球、跳苗鼓舞、跳绳等运动过程中出现较多。

处理方法：对较轻微的肌肉痉挛，通常只要采用以牵引痉挛肌肉的方法，即可得到缓解。一旦某块肌肉出现强直性收缩（痉挛），即用手握住其相应肢体，向其肌肉收缩的相反方向牵拉。牵引时切忌用暴力，用力宜均匀、缓慢，以免造成肌肉拉伤。

比如，小腿腓肠肌痉挛时，嘱患者取坐位或平卧位，伸直膝关节，医者双手握住患者足部，用力使踝关节充分背伸（绷脚）；当屈拇、屈趾肌痉挛时，用力使踝关节、足趾背伸。同时，在局部均可配合按摩疗法，如：用重力揉捏和按压等，以缓解肌肉僵硬，还可采用点掐法或针刺承山、涌泉、委中、阿是穴等缓解肌肉痉挛。

如果在游泳中发生肌肉痉挛，通常也常见于小腿腓肠肌痉挛。其解救的关键是：首先不应惊慌，应立即呼救，同时自救。深吸一口气，仰浮于水面，再用痉挛肢体对侧的手握住痉挛侧的足趾，用力向身体方向拉。同时，用发生痉挛肢体的一侧手掌压在其同侧膝关节的髌骨上，用力帮助其膝关节伸直，可连续多做几次，待缓解后，慢慢游回岸边。上岸休息时，应注意保暖及作局部组织按摩。要注意一般在肌肉痉挛缓解后，不宜再继续运动。

（3）运动中腹痛的处理

腹痛是疾病的一种症状。运动中腹痛是指体育运动引起或者诱发的腹部疼痛，其疼痛的程度与运动量的大小、运动强度等因素成正比关系。

处理方法：如果在运动中出现腹痛，应立即降低运动强度或减慢运动速度，加深呼吸，调整呼吸及运动节奏；用手按压疼痛部位，或弯腰慢跑，一般疼痛症状可减轻或消失。如经过少许时间仍无缓解，即应停止运动。如果疾病诊断明确，还可口服解痉药物如阿托品、普鲁苯辛等，同时，还可进行腹部热敷，或点掐或针刺足三里、大肠俞、内关、三阴交等穴。如果仍无好转，则需立即送医院进行诊治。

（4）运动性血尿的处理

血尿是一种临床症状，引起血尿的原因有很多，如果在无器质性疾病前提下，单纯由剧烈运动而引起血尿者，称为运动性血尿。运动性血尿在跑、跳、球类和拳击项目中比较常见，民族传统体育中的抢花炮、跳绳、高脚马、摔跤、散打等多项运动亦可能发生运动性血尿。

处理方法：运动性血尿诊断成立之后，可以参加训练，但要调整好运动量和运动强度。加强医务监督，定期尿检，并给予适当地治疗。如服用维生素C或肌注卡巴克洛、维生素K，还可用中草药如小蓟饮子药方：生地黄30克、滑石15克、小蓟15克、木通9克、炒蒲黄9克、藕节9克、淡竹叶9克、山栀子9克、当归6克、炙甘草6克。辨证施治，疗效显著。

第三章　影响民族体育文化发展的因素

第一节　生计方式与民族体育文化

一、采集狩猎生计方式下的民族传统体育文化

（一）采集狩猎民族的生计方式概述

采集狩猎是指不通过农业或驯养动物，通过直接采摘可食用果实或猎捕食物的生存状态、生存技能。直接从自然界中的动植物身上获取生活用品的采集狩猎的民族，其主要生计方式是采集和狩猎，人们把这些自然界直接猎捕的动物和采集的果实制成衣食还要付出劳动，但是这些劳动不是用于动物的饲养或植物的栽培。人类在先民时期为了维持生存的各种生产活动中，最简单方法、最为原始的生存手段就是采集和狩猎。全人类在农业文明之前，所共有的生计方式均是采集狩猎。考古文献资料中显示，在人类历史上采集狩猎已有百万年（150万年）之久，是人类最为悠久的生计方式。

采集渔猎是采集狩猎民族的主要生计方式。除采集野菜野果和山货外，也进行狩猎，且渔捞技术较为发达的。自然分工在采集狩猎民族中有显著的特点：男子负责狩猎，女子则负责家务、采集及加工猎物。作为集体活动，狩猎的所有活动都是均匀分配的；而妇女虽然结成伙伴进行采集活动，但其所得不分配。时至今日，仍有零星的采集狩猎人口分布在世界上的少数民族区域。

在我国，采集狩猎型民族主要为分布在东北的大兴安岭北端、小兴安岭、黑龙江、松花江和乌苏里江交汇处的赫哲族、鄂伦春族和部分鄂温克族以及居住在濒临北部湾"京族三岛"的京族和分布在台湾中部山地、东部纵谷和兰屿岛上的高山等民族。采集狩猎生计方式包含以赫哲族、京族为典型的采集渔捞和以鄂伦春族、高山族为典型的采集狩猎两种类型。但无论哪种类型的采集狩猎生计方式，都是因为在人类社会发展的最初阶段生产力水平较低，人类获取食物只能依靠自身的能力。而人类最基本的体育活动技能，爬、走、跳、跑、投、攀登等，恰恰是在进行狩猎采集果实的过程中产生的。

（二）反映采集狩猎生计方式的民族传统体育文化

在远古时代原始人类的生存条件十分严酷，人们必须付出艰辛的劳动与异常凶险自然环境进行殊死搏斗，才能生存下去。人们在满足生存需要的过程中发展了许多体育活动，从民族传统体育活动的起源分析，最初许多体育活动都只是一种最基本的谋生方式。所以，在与这种广阔而凶险的自然世界对抗中萌发了原始体育的雏形。人类生存的最简单方法是采集，同时也是先民各种生产方式中最原始的生产手段。但别看采集最为原始简单，却是需要高超的运动技能。比如，果实长在树上，不会攀爬如何采集？原始的采集劳动使人类不得不面对大自然的严峻挑战。人们必须爬上树梢才能采集到果实；人们还要越过急流、攀上悬崖、跳过深涧。正是采集过程中战胜自然的体验，磨炼出了人类的智慧与矫健，陶冶出勇敢、坚韧、无畏的可贵品质。这也正是民族体育活动最具魅力的内核。

在原始生产方式条件下，人们意识到强健的体魄往往是生产、生存所必须具备的体能和技能。原始人类的很多技能，是在最初采集生产活动中逐渐学会的，如爬树、爬杆、攀岩、爬绳等。独龙族人为了攀上悬崖，砍倒一棵高大的树木，将其斜靠在绝壁上，并在树干上砍出若干斜口。有时在绝壁垂悬用野藤编成绳子，人们便可以顺藤而上攀到崖顶。独龙族的先民们必须从小就开始接受训练，才能掌握这些生存技能。成年人为了帮助孩童掌握技能要领，常常带着他们练习攀悬崖、滑溜索。如何更好地展示学习锻炼的成果，开展各种形式的比赛逐渐形成，滑溜索比赛就是其中之一。可见比赛最初的目的是考核人的生存技能，逐渐地才会演变成比谁的技艺惊险动人、谁的姿势优美；在攀藤比赛时，目的演变成比谁能够技压群雄，爬得又高又快获得心上人的青睐，而非最初的为了采集果实和燕窝等等。再如，生活在高山密林深处的哈尼族人民多有爬树的特殊技能。每逢节假日，人们还要举行爬树比赛。比赛前人们选定几棵笔直的树，将树去掉树枝表面打磨光滑，依次轮流上树，谁能在最短的时间到达指定高度即为胜利。当然，这种活动更多的是为了追求一种荣誉感，赢得别人的信任、获得异性的好感和爱慕，不再是为了获得生存的物质，原始采集劳动技巧的比赛开始转向以竞技、荣誉为核心的体育活动，发生了质的改变。

由于个人体质的不同必然导致其所从事的生计方式不同，民族传统体育运动也具有不同的特点。以狩猎为生计方式的民族，由于猎物行踪不定，狩猎是需要长途跋涉、长期在野外进行活动，同时猎物凶险程度不同，猎手在野外经常面临种种危险，才能猎取回猎物。这就要求猎手们不但要拥有高超的狩猎技术，还需要超强的体力和耐力。在奔腾咆哮的大江大河边居住的少数民族，都练就了一身过硬的水上功夫，同时江水也陶冶了他们无所畏惧的性格。从古至今，很多少数民族人民被誉为"浪里白条""水上骄子"，都是因为他们长期生活在江河、湖泊周围。各种水上竞赛项目如：龙舟赛、独木划水、游泳、划竹排比赛等经常进行。云南布依族民间盛行划竹排比赛。布依族人的幸福安康的生活与水的欢愉、浪漫之情以及在水中的矫健无畏浑然天成融为一体。瑶族身处深山密林中，住无定所、居无常规，他们主要以采集和狩猎为生。早期他们获取食物的方式，都与体育行为有着密切的关联。瑶族人顽强的生活在极为险峻的万壑千岩中，为了采集果实或药物，他们经常在悬崖峭壁间攀爬，攀悬崖已经成为他们生活中不可缺少的原始技能。在此过程中瑶族人为了适应险恶的自然环境，利用原始的生计方式生存，他们练成了许多令现代人难以置信的快速获取猎物的绝技。

因此，人们在长期的采集、狩猎、捕鱼等生产活动中积累了各种经验，逐渐将这些经验活动演变成民族传统体育活动。由于这些民族传统体育都是从生存方式中演变而来的，因此带有与生俱来的勇敢、无畏、坚韧等高贵品质，并且更倾向于如长跑、举重、抱石头、拔河、弓箭和投掷类等训练耐力、体力、气力等方面的体育运动。因此可以认为以采集狩猎为主的生计方式与民族传统体育文化内容有着密切的联系。

二、畜牧生计方式下的民族传统体育文化

山林畜牧类型民族多数为人口较少的民族，其民族传统体育文化多反映山林畜牧、狩猎、纺织等生产生活。如，居住在大兴安岭地区的鄂温克族。鄂温克族的体育文化来源于畜牧生活，其畜牧体育文化特征在每年敖包节上的体育娱乐活动中表现得尤为突出。位于黑龙江和内蒙古的鄂温克族地区的鄂温克族流行的宗教节日是敖包节。敖包祭祀活动的过程大概是供桌摆在敖包的前方，喇嘛按照地位的高低排座念经，其他人在喇嘛的两边围坐成圆圈。首席喇嘛在念完经后带领大家一起，从右向左绕敖包走三圈，而后将祭品（肉、奶食、糖果、点心等）散放在敖包上，族人争先恐后分享"敖包贺希格"（汉语为敖包赏赐的吉品）。之后开始进行那达慕活动赛马、摔跤、沙特日（蒙古棋）、射箭等。"布库扎瓦勒迪仁"鄂温克语是"摔跤"因此在鄂温克族较普遍的体育运动项目是摔跤，通常在劳动间隙和青壮年聚集的场所开展，人们较量气力不分体重大小，即锻炼身体又愉悦心情，是一项锻炼与娱乐兼具的运动项目。在敖包会和重大节日时，为参加摔跤比赛，各地的摔跤手们争相前来，选手穿着自制的"黑色靴"或者马靴，穿上"照得"（摔跤坎肩）来到比赛现场，双方在裁判员发令后先握手致敬，之后一场激烈的摔跤比赛就开始了。鄂温克族的摔跤比赛一般以淘汰制作为自己的规则。摔跤的技巧种类多样，但都不能用手抓对方脖子以上的部位，主要有背、勾、压、踢、绊、旋、晃等多种形式，不允许抱腿和用脚踢对方膝盖以上的部位。当选手把众多对手摔倒在地，并且没有其他选手再上场比试时，算其获胜，可给予"布库"（鄂温克语"摔跤手"）称号。

有一种半游牧类型的经济生活是高山畜牧。高山畜牧民族往往以山或山顶为牧场，因而面积较小。畜群多垂直移动，即按季节改变高度，因此移动的速度和范围都小于游牧型。高山畜牧民族以畜牧为主，并混有更高的农耕成分。高山畜牧与农耕的混合在此类型民族中得以体现，一般老人和妇女从事农耕和料理家务，青壮年男子上山放牧。由此草原牧场开展的体育竞赛活动多由男子参与开展，而闲暇娱乐活动妇女也参与其中。高山游牧民族传统体育多半是高山游牧民族的经济生活和适应高山环境的写照，许多项目都表达了牧民

与自然生态环境、圈养牲畜、生活劳作等方面的相互协调关系。青藏高原藏族有许多以日常放牧为基础、与牦牛和马相关的传统体育项目。如藏族最具地域特色的民族体育活动是赛牦牛。新中国成立后，以乡或村寨为单位迅速发展起来赛牦牛活动，赛跑的长度增长到2000米人，人数也不断增加，结果以时间计算。骑手在比赛过程中驱动牦牛飞奔，牦牛争先恐后，骑手们情绪高涨，赛场上高潮迭起。

对于以畜牧为生计方式的民族而言，生活获得保障的条件是自己拥有稳定数量的牲畜，但风险依旧存在。例如，敌人的突袭与掠夺，野兽的袭击，牲畜的丢失等等。另一方面，在迁徙的过程中，人们除了对自身行为负责外，还必须具有做出各种抉择的判断能力，如启程时间、落脚地、能否按时到达目的地，等等。因此，跳越、射箭、爬山、赛马、叼羊、赛跑、赛牦牛、赛骆驼等强调速度，跨越障碍等民族传统体育活动受到广泛欢迎。

三、农耕生计方式下的民族传统体育文化

人类在历史发展演变过程中逐渐掌握了各种粮食作物、瓜果、蔬菜等植物生长的规律，人们生存活动的主要方式逐渐转向农耕劳动。这极大地改变了人的生存价值观和生产生活方式。在中国，农耕民族人口占绝大多数，涉及民族众多且地域辽阔，农耕生计类型多样。因此，产生了与之相关的丰富多彩的体育文化活动。以下仅举几例加以说明。

甘肃临夏东乡族历史悠久，文化内涵丰富，该地区体育文化更具民族色彩和地域性，并且世代相传。许多民间文娱体育活动在东乡族广泛流传，尤其在农闲时节比较集中，特别是冬季和初春。"咕咕杜"是东乡族仅限于男性青年参加的传统的农闲体育比赛。"咕咕杜"实际上是人们各自手持木棒击打用树枝削制的像鸡蛋大小的椭圆木球，因此又称"打咕咕杜"。分攻方和守方进行比赛，按参加的人数攻守双方平均分配，多选用打麦场或靠墙、靠山崖的宽阔平坦地方作为比赛场地。其规则是守方在划定的方框内将球击出，攻方则从得球之地，无论远近，尽力将球击人方框内，人则交换发球权，守方以棒迎击防守，击之越远越好。打"咕咕杜"场面气氛热烈，在东乡族地区十分受欢迎。

宁夏回族自治区泾源县流传着回族传统体育活动踏脚。回族群众非常喜爱这项活动，因为它富有健身性的同时又有极强的娱乐性。农闲时节，人们不分老幼都会聚在起进行踏脚活动。踏脚活动是一项只能用脚不能用手的运动，类似于现在的足球，可一人对一人，也可一人对多人等。踢脚的基本动作包括：飞脚、破脚、平踏、背脚、连环转等多种方式，在进攻时攻守交替，你攻我守。平踏全脚掌向对手侧身蹬出。破脚，正面面对对手单脚挑起向高处蹬出。背脚，回族民间俗称"关后门"，一般是在背向对手时突然踏脚攻击对方的裆部、臀部，声东击西，防不胜防，攻击对手背面和侧面的360度连环转。飞脚，即双腿同时跃起进攻对手肩部和背部。在对攻过程中经常是多个动作连在一起形成一整套动作。同时发出"嗨""哈"的声音提高士气。

与现代竞技体育相比较撒拉族的传统体育形式更为多样，内容更加丰富多彩、更富有

观赏性、娱乐性和表演性，有着独特的魅力。其中备受青少年喜爱的是"打蚂蚱"。"打蚂蚱"是选用一根粗约1.5厘米，长6-7厘米的木棍，将两头削尖做成"蚂蚱"，然后用一块长约70厘米的木板去拍打。比赛分为单打、双打。将"蚂蚱"放在地上一个约1米左右圆圈内的任何地方，圈内为雷区，选手用木板打"蚂蚱"使其弹起，并在"蚂蚱"落地前将它击打出雷区，过程中选手的拍板不能离手否则将视为犯规，取消比赛资格，若一次未能击出雷区可继续击打。在一名选手进攻的同时另一名选手可以在"蚂蚱"落地前，设法接住"蚂蚱"，便可取得进攻权可在雷区外设法将"蚂蚱"投掷入雷区，若投进则双方交换攻守位置。如果没有掷入雷区，攻方可将"蚂蚱"拍向更远的处，最终以"蚂蚱"与雷区的距离的远近程度判定输赢，最远者为胜者。胜方可任意惩罚败方，但主要是娱乐为主，表演节目、唱歌跳舞之类的。

扭扁担比赛是贵州省三都水族自治县一项具有悠久历史的娱乐竞技项目，是典型的农耕文化表现。比赛时两名选手各持竹扁担的一端，分别向正反两个方向扭动先松手或被对方将扁担扭转过来者即为落败一方。此项活动来源于日常生活，备受水族人民的喜爱，老少皆宜，器具方便，操作简单。

有固定住所的民族，主要以农耕为生计方式，他们的日常生活、农业生产活动主要是以与土地相关的精耕细作。一方面，这些人祈求神灵保佑他们人丁兴旺，风调雨顺，多产多收，而形成了根深蒂固的祈福的愿望。另一方面，在土地上从事的耕作型农业生产，要求更高的劳动力能力，将参与生产劳作的广大人民合理协调，增强团队精神，一切以有利于生产劳作为当务之急，重中之重。此外，随着生活的逐步稳定与安逸，进一步发展的宗教观念，出现了一些"运气"型的传统体育活动（如骨牌、麻将、掷色子等）。总之，农耕型社会中，蓬勃的发展起来的体育活动主要是与团体精神、节日庆典、宗教相关，典型的有赛龙舟、舞蹈、各类棋牌、秋千等。

第二节　文化习俗与民族体育文化

习俗是人们在长期社会生活过程中形成的世代沿袭与传承下来的社会行为模式。它是民族文化的重要组成部分，包括衣、食、住、行、节庆、婚姻、礼仪、丧葬、生产劳动，等等。

习俗是一个民族内具有的普遍性行为，又可称为习惯。各民族在长期社会实践中发展和创造出来的以娱乐、健身、防身、锻炼身体为主要目的具有民俗特色的活动即民族传统体育。

首先，民族传统体育来源于文化习俗，是文化习俗的重要载体。文化习俗决定了其民族传统体育的表现形式，决定了其民族传统体育的特点。文化习俗是隐形的、内在的，而民族传统体育是能够表现出来的、外在的。外在的体育活动可以展现文化习俗。例如满族人善骑射，被称为马背上的民族，他们的婚姻习俗等也与骑射有关。新婚那天，新郎要身着具有本民族特色的服装，骑着高头大马，迎娶新娘，当喜轿到达新郎家时，为了驱邪欺负，新郎需要对着轿门虚射三箭，这些习俗从另一个角度也能提高骑射运动的发展。

其次，文化习俗具有独特魅力，能使人们的信仰、意志和行动统一，普及、规范民族体育。因为文化习俗而举行的各种民族传统体育活动，是全族成员的共同义务，人们会通过体育竞技使这类活动在族内推广和普及。而体育活动渐渐衍生出的规则、制度，也使得文化习俗更加规范。

最后，文化习俗促使民族传统体育技艺难度的提高。在渲染文化习俗气氛的同时，又能推动和提高民族体育。例如红河南岸地区的彝族，在祭祖、葬式中都要进行各种祭祀性的活动和比赛，主要有武术、舞狮和舞蹈等，胜者可获银花，各村各户会高薪邀请获得银花多的人，这就促使人们在平时日常生活中、农闲时节，组织各式各样的练习，有以村落为单位组织的舞狮队伍常年保持训练，也有以宗族祠堂组织的武馆召集本姓氏青年进行武术训练，等等。

著名的人类学家维克多·特纳指出："仪式不应该被看作是奇异怪诞的，因为它的象征意义并非荒谬而突兀的。每一项具有象征意义的事物都与现实经历中的某种经验性事物相联系。"

一、生育习俗与民族体育文化

妇女从未孕时求子开始到婴儿周岁的这个过程中的所有相关的礼仪活动称为诞生礼，诞生礼包括"乞子""三朝""满月""百日""周岁"等。诞生礼仪是一个人一生的开端礼。几乎每一个民族都有具有本民族特色的民俗事象和礼仪规范，这些都与妇女产子、婴儿的新生有着密切的关联。刚出生的婴儿，只是一种生物意义上的存在，要让他在社会中获得的地位，被社会承认必须为他举行诞生仪礼之后，他才能成为真正意义上的"人"，群体与社会才能从真正意义上接纳与承认这个新的成员。一个家庭中婴儿的诞生是整个家族生存、繁衍、发展、繁荣希望的开端，不仅仅是一个新生命的到来。诞生礼仪是一个民族对生命的重视和对家族传承兴旺的期盼的本质反映。

我国历史最为悠久的祭祀活动之一是"乞子"礼仪，它源起于上古时期，直至今日，它既是万众狂欢的民间风俗，同时也属于庄重肃穆的宫廷礼仪。邢莉在《蒙古族的诞生礼和丧葬礼》一文中认为：在蒙古族的婚礼中，男子迎亲时有佩箭之俗近代在土默特地区，喜车待发前，新郎必以此箭在车前向右方射之，过去解释为驱邪趋吉，但作者认为含有求子之意。还如在裕固族的婚礼上，在新娘进入大帐房时，新郎即用弯弓将柳条射落到新娘身上。弓箭在此有了男女交合的象征意义，而不仅是游牧民族尚武的精神写照。

土家族非常重视诞生礼仪。因为，土家族人要想兴旺发达必须繁衍子嗣，多子多孙。土家族的诞生礼仪蕴含着土家族的传统文化内涵，包括求子、孕期及庆贺生子三个阶段，标志着土家族民族个性与地域特色。"打喜"是庆生阶段举行的仪式，是新生儿由生物人转变为社会人的开始，通过"打喜"仪式家族的祖先和神灵接受新生儿，使其融入家庭和群体之中。

新生儿的"打喜"仪式在其出生后的一个月之内，选择吉日进行，"打喜"仪式中要举行各种各样的庆生活动。"打喜"仪式的高潮是在夜晚，主家开始放鞭炮，众人都在脸上抹锅灰，男女相对，女的手里拿着手帕，男的拿着破扫帚、破巴扇，边唱边舞，这个活动称为"打花鼓子"或"打喜花鼓"。土家人都会为新生儿举办隆重的庆贺仪式，以示重视，土家人为表示对生命的重视，大家在仪式活动中边唱歌边跳舞，展现了豁达乐观的民族性格，这些风俗习惯形成不同民族的有代表性的民族传统体育项目，进而形成了各民族的传统体育文化。

二、成年礼习俗与民族体育文化

一个人由个体走向社会的一道不可或缺的程序是"成年礼是为承认年轻人具有进入社会的能力和资格而举行的人生仪礼"。当一个人经过漫长的文化学习逐渐脱离了亲人的养育、监护，走向成熟时，在社会上就必须承担各种权利和义务。此时人们为了纪念当事人由不成熟走向成熟，还要再举行一系列的礼仪，这种礼仪就是成年礼仪。人生最为重要的礼仪就是成年礼仪，成年礼仪具有多重特性，是一种普遍存在的文化现象。经过仪式上的种种考验，使得即将承担社会责任的年轻人得到身心的磨炼，从而使身体和心理上具有独立迎接社会生活的能力，最后加入社会群体并取得一定的位置。现在世界的许多原始民族中，成年礼仪是一项必须通过的仪式，这些仪式都有一个共同的特点，就是对人的身体和意志的考验，并通过特定的民族传统比赛运动的形式来完成。

据史料记载，摔跤是一项古老的运动。大约在公元前三千年的古埃及，石板上的图画就描绘出摔跤手使用与现在相同的握抱动作。如拥有41个部族的多哥位于洲西部，占多哥人口的13%的卡布列族世代居住在北部山区，是多哥第三大部族。多哥的摔跤历史悠久。古时候，多哥境内分布着许多独立的小王国，这些王国之间经常因为争夺土地和资源而发生战争。部族首领们要求其成员苦练过硬的本领，用以保卫本部族的生存和繁荣，抵御外族的强占和入侵，摔跤可以在与来犯者进行激烈搏斗时制服对方，因此摔跤运动逐渐发展起来。多哥北方每年的7月都是雨季，山区气候清爽适宜。此时卡布列人都要为部族里年满18岁的男女青年举行成人仪式。仪式标志着卡布列族男女青年已经长大成人。摔跤节是男人的成年节。因此摔跤节和成熟节会在此时相继举行。依照卡布列族部族习俗，在北方的卡拉聚集在所有的男青年，开始长达一周的摔跤比赛，小伙子在年满18岁后都要连续三年参加比赛，这样才算真正成为男人。比赛结束，他们都被认为是经受了考验，不论是输是赢，部族都正式承认他们长大成人

蹦极跳起源于南太平洋岛瓦努阿图（Vanuatu）。在太平洋南部的洋面上，瓦努阿图其中一个名叫彭特科特岛上，一个小村庄叫蹦坡，是蹦极跳的发源地，蹦极跳在当地已有

上千年的历史了，是一项土著人的成人仪式。在当地马铃薯成熟的季节，每年5月举行一次"死亡跳"活动。男孩为了这个活动，需要使用树枝和树干花大约5周构建一个高约30米的"跳塔"，可以选择不同高度的塔作为一个平台，人们需要在平台上覆盖广泛的叶子，为了防止木头构建平台的太阳下晒干。要进入比赛跳的男孩跳塔完成后，在森林里附近找到足够强大，长度合适的拐杖。强大的甘蔗可以保证比赛不会跳下来，为了使比赛跳时落下低着头不会撞到地面需要选择甘蔗的长度适中。"死亡跳"开始，从投标的第一人选择适合自己平台的高度。然后站在自己选择的平台上，脚上系上一个拐杖，固定的另一端甘蔗的顶部跳塔的木架上。竞赛第一波跳转到观众，然后举起双臂，有着悠久的哨音，双脚跳，然后倒在地上。整个过程只有几秒钟。看着发梢是扫地，则暂停比赛"关闭"，跳转到人，人群中爆发出响亮的欢呼，如那些已经在跳的家伙在塔下，比赛跳高，帮他两藤蔓绑在你的脚。另一个种族，站在讲台上，他喜欢前者，也向观众挥手，拿着他的胳膊，然后一个炽热的跳跃平台形成。随后，村里的男人、妇女和儿童周围唱歌和跳舞来庆祝他们的成人考试成功。

还如赛跑游戏，通常是男子成年庆典的重要仪式。例如在我国的台湾省，少数民族阿美人青年举行成年礼时，要举行隆重的赛跑仪式，赛程数里，包括平地、坡地与沙地三段。参赛者上身赤裸，下身着白色丁字裤，头顶姜叶编成的环饰。首先由一长者引导，最后由一位壮年男子督阵直至终点，他一手提着一只白鸡，一边奔跑，一边手拔鸡毛，往周围和落后的赛手后背抛撒，并呐喊催促说："神灵与你同在，跑啊！追啊！"白鸡在阿美人的宗教意识里是神圣之物，具有驱邪祛祟、更新生命的灵力，拔鸡毛抛撒背后，目的在于驱赶邪祟、增强体力。由于青年们参赛前经历了一段时间的劳役与饥饿，体力消耗很大，要一口气跑完数里的路程是相当艰苦的个个大汗淋漓，面容苍白。他们的亲人沿途为其呐喊助威，鼓舞热情，还特地带来粟酒、菜糕、槟榔，为其洗尘犒劳，真是一人参赛，全家动员，气氛既庄严又热烈。到达目的地后即人海沐浴净身，祈海神护佑。这是一次斗勇与耐力之间的较量，优胜者被任为青年首领，因而竞争激烈。

三、婚姻习俗与民族体育文化

"人类自身繁衍和社会延续维系的最基本的活动和制度是婚姻。"婚姻在人类文明发展史上具有维系种族的延续及族群的发展和构建社会行为模式的功能。在世界各民族的风俗习惯中婚姻习俗最为复杂多样，不同国家、民族，有不同的表现。婚姻作为民俗现象，主要内容包括婚姻形态和婚姻礼仪，是一种具有特殊意义的文化形式，有重要的文化价值。

在我国的云南流行着一项傣族青年男女的娱乐活动——丢糠包，也称丢花包丢包，傣语称"端芒管"。傣族青年男女求爱的方式是丢包，据《云南游记》载："夷二、三月间抛球，见美少女击之，中则结为夫妇"。丢包一般都在村寨外的树下或凤尾竹下。包制作精美绣有图案，大约16厘米见方，里面装棉籽或沙子，一角系一条米长的布带。西双版纳的傣族是在佛塔下或村边平地上，每到泼水节时进行丢包。丢包时，姑娘和小伙面对面相距 10 米左右一字排开。刚开始丢包时，两边乱抛，花包犹如只只蝴蝶穿梭于花丛中，大家尽情地丢，尽情地笑，直至意有所属时，花包就长了"眼睛"，朝着自己中意的小伙子飞去，小伙子有意则接住对抛，无意就避开。双方中有一方接不住的，就算输了，随便对方要自己身上带的东西。如果姑娘留下要去的东西，就说明爱上了这位小伙，暗示小伙子可以找她进一步谈情说爱了。丢包既是傣族青年男女求爱的主要形式，也成为青年人十分喜爱的体育活动。据说丢包始于明代，起初是新年时宣慰使带着他的儿子们在街上游玩时，姑娘们用自制的小包丢给宣慰使的儿子，以表示欢迎。传到清朝后期，丢包活动增加了新的内容，花包成为传情的信物，丢包活动也就盛行起来。每年的泼水节都要组织丢包活动以后凡重大喜庆日也少不了丢包这项娱乐。清末柯树勋曾写有"抛球"（丢包）诗，其诗云："时详衣衫趁体艳，绣球抛物早春天，邻家姊妹齐声贺，恰有多情美少年。"

在人类婚姻生活当中，男性被认为是家庭的保护者，特别是在远古时代，一个人的体力是否强壮决定了他能否生存、繁衍后代、保护家庭。因此，在世界许多民族的婚礼仪式当中，男性的体力是重要的考察内容。如在缅甸克伦青年婚礼仪式中，新郎为了展示自己的能力需要将沿路的花草树木都砍倒。等到了新娘家门口还必须与女方的伴娘和其他姑娘来一场拔河比赛，实用的不是绳子而是一根光滑的抹着油的竹筒。新郎要想进入新娘家必须有的比赛。因为新郎抓的一端有油，而姑娘们手执的一端穿着绳子，可以抓紧，所以新郎必输，无法进门，只能让娶亲的长辈出面向堵门的姑娘求情，还要给姑娘们赏钱请她们开门，收了赏钱的姑娘们自然放新郎进门。突尼斯西北部的江都巴人在婚礼上，一般玩一种木碟游戏。参加婚礼的每个人手里拿一摞木碟，都向新郎投掷，新郎为了显示自己坚韧不拔的英雄气概，必须忍受疼痛坚持，这样的结果是很多新人受伤。

骑射表演在早期的满族婚礼仪式也出现过。弓箭马鞍是满族婚嫁的主要聘礼。新婚那天，新郎身着箭服，脚穿抓虎靴子，骑高头大马，新娘坐花轿到新郎家门口时，新郎为了驱邪之意，要用弓箭向轿门虚射三箭。游牧民族崇尚骑射的遗风在满族的服饰和婚俗中很好地反映出来了。

各民族提炼和加工了传统的两性情爱表达方式，出现了如高山族的背篓球、壮族的抛绣球、侗族的"哆毽"（飞花传情）等，情趣盎然、生动活泼的体育娱乐活动，将娱乐、竞技与传递感情天然地融合在起来。

四、丧葬习俗与民族体育文化

大概在旧石器时代中期就出现了丧葬习俗，与这个时期人类的灵魂崇拜有密切的关系，反映了生者对死者的缅怀，起到送死助生的作用，让死者的灵魂可以平安地走人阴间，同时希望死者的灵魂保佑生者快乐、平安、健康、幸福，更希望死者能够在彼岸世界幸福、快乐。丧葬礼仪能够增强家族或氏族内的团结，血缘或家族关系进一步得到认同和加强，起到了教育本族成员、强化亲缘观念的作用。在庄严肃穆的气氛中，丧葬礼仪中的一系列活动内容，每一位丧礼参加者都对本民族历史及传统文化获得深刻的领悟，起到了对民族文化的传承作用。丧葬礼仪使人们能够对死亡有正确的认识和理解，教育人们善待生命、树立乐观的人生态度、孝敬父母孝敬长辈、敬畏神灵、敬畏自然。

在彝族的祭祖典礼和丧葬仪式中经常出现民族传统体育项目—武术，武术形式庄重肃穆，同时又扑朔迷离，很有祭祀性色彩。武术表演在各地彝区的"葬式"或"祭祖"中最为普遍。在人们的认知里，愉悦和告慰祖先亡灵最佳的形式是武术，武术将家族的强盛和族员的勇武体现得淋漓尽致。例如小凉山一带彝族有一种特殊的超度仪式，是在长辈去世数年后对其亡灵举行的。人们要在仪式中历数祖先的丰功伟绩，并且为了展示死者子孙和家族的强盛、勇武，主家还要集合数十名青年男子与前来参加祭祀的家族成员进行象征性的"格斗""厮杀"。

五、岁时节庆习俗与民族体育文化

无论民族大小都有自己传统的节日和时令庆祝活动，它的形成与发展，经历了十分漫长的历史。岁时节庆与农业文明息息相关，记载着人类祖先对自然规律的认识和把握，表现了各个不同历史时期经济、政治、社会、科技发展的水平。因此，岁时节庆是涉及面广、内容丰富的重要民族习俗之一。它集中而充分地展示了一个民族的传统生活，最直接的表现了民族文化生活，是一个群体精神和价值表达的代表，它是一种展示民族文化整体面貌的社会行为。岁时节庆将拥有共同文化传统的人民凝聚在一起，能够产生巨大的亲和力与认同情感，具有极强的民族凝聚力。岁时节庆能够推动传统社会前进、维持社会结构的和谐，是一种传统社会基础持续的动力。岁时节庆有相对固定的节期和特定的民俗活动，表现了自然规律对人类生活的制约及人类对大自然的适应和把握，从中可以看出岁时节庆风俗的演变和发展，经济、政治、社会、文化、战争、科技等诸多因素都在发挥着作用，是一个历史文化积淀的过程。

民族传统节日具有文化和政治建设的参与作用，民俗节日表演能够展示民族的品质和经验，是社会群体中最出色的表演者，进行具有美学意义的表演，这些表演包含了一个社会对理想的、传统的日常生活技术和艺术的期待。

岁时节庆习俗反映了各族人民丰富多彩的社会生活，它的发展与不同时代各族人民的生产方式、生活习惯、心理特征、审美情趣和价值取向密切相关。民族传统体育是各民族社会生活的一部分，在各民族的岁时节庆习俗中多有体现，并随其传承、变异、积淀与发展，可从民俗活动中探寻民族传统体育的演变过程及发展规律。

岁时节庆习俗中民族传统体育的形成和发展，与各民族的自然环境和人文环境密不可分，因此也造就了各具特色的民族传统体育形态，共同构成了丰富多彩的民族体育文化。

（1）以时令庆典为主要内容的民族传统体育文化。时令节日与四季的气候变化直接相关，与历法的产生密切联系在一起，这类节日在民族节日中最为普遍。如汉族、满族的春节、清明节，藏族的望果节，高山族的丰年祭，等等。

（2）以纪念历史人物为主要内容的民族体育文化。如很多民族的端午节、赛龙舟，傣族的泼水节等等。

（3）以祭诸神为主要内容的民族体育文化。如河杜人塔斯库托尔的祭祀体育活动，傣族的堆沙，彝族的祭祀天地神祖的仪式（祭星神）系列活动，由最初崇拜太阳逐渐演变成体育比赛的形式。

第三节　宗教信仰与民族体育文化

根据考古材料发现，人类的宗教信仰在旧石器时代初期最迟到中期就开始萌芽。由于人们认识大自然的变化规律相当有限，在简单的生产活动方式和较低的生产力水平之下，人们相信在现实世界之外，存在神秘境界和力量，是超出人间和自然的，现实社会和大自然都是受其主宰的，人们对之敬畏和崇拜，认为天灾疾病都是神秘境界的神秘力量所造成的，因此原始宗教祭祀活动的产生就是为了取悦这些超自然的事物。生存是原始人类最根本、最重要的需要，因此最初崇拜的是与生产、生活密切相关的自然物和自然现象，把它们神灵化、人格化并加以崇拜。随着人的思维能力不断提升，生产力水平不断提高，私有制、阶级和社会大分工的相继出现，导致了整个社会的根本变革。宗教的崇拜也发生了巨大变化，由自然崇拜转变为对祖先、图腾、神灵、鬼灵的崇拜，由多神崇拜逐渐变为对单一神崇拜，民族宗教、国家宗教逐渐取代氏族、部落宗教，到最后发展成世界宗教。

宗教既是一种信仰实践，又是一种社会力量，也是一种生活方式。"原始宗教是原始社会一种有力的世界观和意识形态，与人类的物质和精神生活各个领域和层面有着千丝万缕的联系，影响着人类生活的各个方面。四个宗教基本要素是："一是宗教的观念或思想；二是宗教的感情或体验；三是宗教的行为和活动；四是宗教的组织和制度。"宗教的行为和活动中的各种礼仪活动包括宗教、祈祷和献祭，其参与者都是自愿进行身体活动，以此来实现宗教活动的目的，同时又体现了宗教仪式活动娱神、慰神同时娱人的双重性。这些宗教活动从客观上实践了体育的行为，包含和孕育了原始体育活动的萌芽和雏形。

法术和巫术是人们在原始宗教时期的主要宗教活动，同时人们崇拜图腾，幻想以模仿性的舞蹈等特定的动作来影响、控制自然现象。客观上这些高激情、大运动负荷、经常性的活动和舞蹈，是一种传统体育行为的实践，更是原始体育功能的缩影，巫术和法术包含和孕育了原始体育活动的萌芽和雏形。

一、自然崇拜与民族体育文化

原始社会是人类靠采集、狩猎生存的时期，自然力与人们的生存密切相关，但是人类对自然力的认识极为有限，面对变幻莫测的自然现象，人们感到软弱无力。因此，造成原始人对自然现象怀有依赖、惧怕崇敬的矛盾心理，同时希望得到自然现象的庇护和保佑，对其产生了更多的期许，同时想利用各种方法控制自然，实现生存的目的。所以，那时的人们相信万物有灵，把自然现象神化。原始人类赖以生存的是自然，对他们的生存造成直接威胁的也是自然。因此，自然崇拜成为原始人最早的宗教信仰。

原始人类受到思想意识的影响对自然力有各种各样的态度，通过各种方法感动大自然，幻想一些特定的动作，如舞蹈、竞技、角力，来实现同神的交流，将自己的愿望告诉神灵。"在自然界，原始人以土地、天体（日、月、星，天空中发生的云雾、雨、雪、雹、雷、电、风）、山、石、河、水、火等为崇拜对象。"如水族的敬霞节每隔 6 年、12 年过一次，按照水族自己天文历法，通常在水历 9 月、10 月。水历把一年分为十二个月，四个季节，三个月为一季。水历实际上和农历差不多，只是计算每年开始的时间不同，水历的岁首是戌月，即农历的九月，水历称戌月为"端月"，含有开端起始的意思。敬霞即是敬拜水神，是原始宗教崇拜的一种形式，祈雨是"敬霞节"的祭祀活动之一，活动中在刚插上秧苗的稻田里青年们扳腰摔跤，浑身泥水，将秧苗踩的破烂也没有关系。水稻耕作是水族生计方式的核心，其他粮食作物还有小麦、玉米、小米、红薯、红稗等，水族的各种文化活动有典型的农垦特色。因此，在敬霞节水族青年通过角力活动，取悦神灵，祈求风调雨顺，五谷丰登。

二、动植物崇拜与民族体育文化

动物植物是原始人生存的主要食物来源，与原始人的生存息息相关，因此动植物成为他们敬畏的对象。"一个部族或民族生活于其中（特定自然条件和自然产物）都被搬进了它的宗教里。"在原始社会，人的生存完全靠大自然，采集和狩猎是时而有收获、时而无收获，有时可能还会受到动植物的伤害，生活是没有保障的。因此，人们经常怀着期待的心理，幻想着自己能够得到想获取的自然物的支持。当人们狩猎和采集获得满意的收获时，人们认为获得了自然物的支持，便对其表示感谢；人们在狩猎的过程中肯定要伤害动物，在采集的过程中有时会伤害到植物，为了免遭报复，就要表示歉意和安慰。原始人为了表达他们对动植物的感谢、歉意和安慰之意，通过模仿动植物的表演取悦自然物。通过模仿动物的舞蹈，希望引起崇拜物的共鸣，保佑族人六畜兴旺。这种动物的崇拜逐渐形成了某些民族特有的体育文化。

三、祖先崇拜、鬼灵崇拜与民族体育文化

"在原始社会里，鬼灵崇拜先于祖先崇拜。"原始人认为，鬼灵是脱离开人肉体的灵魂，鬼灵可以附着在其他物体上，他们生活在自己的世界里，但是他们可以与人世发生联系，鬼灵可以帮助人类，也可以危害人类，因此人类崇拜他们。原始人要想与鬼灵沟通，需要通过一定的中介。"鬼灵崇拜逐渐发展成祖先崇拜。是因为人们相信除鬼灵之外，他们故去的亲人、祖先同样可以保佑他们及他们的子孙。所以才有了将祖先的鬼灵（魂灵）当作善灵来尊敬。"但是，善灵也有双重性。李亦园先生在分析泰雅人祖灵时认为：原则上"祖灵"是子孙的监护者，他是依照子孙是否能按照祖先制定的法则制度而设立的制度，这种制度并不是只有保佑而无责罚，恩惠更不是无条件地赐予。祖先所制定的制度涉及祭祀、道德准则、禁忌等多个方面凡是能够遵守规则的子孙，即可赐予丰收的农作、健康的身体、猎取更多的野兽，且不能遵守规则，则会做出疾病、歉收、无食物惩罚措施等。

四、图腾崇拜与民族体育文化

在原始社会氏族以"图腾"为徽号或标志，人相信图腾物衍生出来同氏族的群体，因而对之敬畏、崇拜。

为了表达对祖先的思念、获得祖先的庇护和对美好生活的向往，从而生活的幸福美满和安定团结，在特定的时期和场所氏族成员们往往会举行大型的图腾祭祀活动。各民族图腾祭祀过程中都会进行民族传统体育项目。或者说，从民族图腾祭祀活动中延伸出了现在的民族传统体育活动，它是一种独立文化形态。

"图腾"原意为"亲属""亲族"等，是由北美印第安阿尔昆琴部落奥吉布瓦方言翻译而来的。"某种植物、动物或自然现象是图腾的实体。"图腾代表或象征什么？一些研究者根据自己所调查或研究的民族的"图腾"的含义，给"图腾"下了各种定义。何星亮先生在《图腾与中国文化》一书中，综合了历史上各民族图腾崇拜的含义，给"图腾"下了一个具有广泛性的定义："图腾是某种社会组织或个人的象征物，它或是亲属象征，或是祖先、保护神的象征，或是作为相互区分的象征。

作为图腾的象征物可以是动物或植物，也可以是自然现象或无生物。""图腾崇拜是自然崇拜或动植物崇拜与鬼灵崇拜、祖先崇拜相结合的一种原始宗教形式。外在表现是把自然崇拜和动植物崇拜作为直接崇拜对象；而崇拜观念却具有鬼灵崇拜和祖先崇拜的内容。"图腾崇拜作为一种文化现象，同样也是人类和社会的需要。

第四章　民族体育文化与其他文化

民族传统体育文化是我国民族文化的重要组成部分，其与我国各方面的文化具有重要的联系。随着奥林匹克文化在我国的发展，民族传统体育文化与之相互影响，共同发展。为了更好地对我国民族传统体育文化进行分析和研究，本章对其与其他文化的相关关系进行了分析。

第一节　民族体育文化与节日文化

一、民族体育文化与民俗节日

民族传统体育文化是在人们的生产生活中逐渐形成和发展起来的，而各种节日民俗也同样如此。民族传统体育文化和节日民俗两者之间是相互影响、相互制约、共同发展的关系。

在我国广博的大地上，生活了众多的民族，各个民族都具有各自鲜明特色的风俗习惯，均在不同的自然环境下繁衍、生活与发展。各民族的节日活动是这一特殊性的显著表现，也能展现浓厚文化色彩的多种民俗形式，但这些活动受人为因素影响严重。不同地区、民族的节日各具特色。通常情况下，这些节日的产生是在社会发展的基础上，受生产活动、社交活动、文化娱乐、纪念活动、宗教等多因素的影响。各民族都将传统体育作为一项重要的节日风俗内容，但又有着不同的节目内容举办时间和节日的含义。

（一）龙狮文化与舞龙文化

龙是我国的一种重要的文化符号，是炎黄子孙崇拜的图腾。舞龙是我国的一项重要的民族传统体育活动，其起源于人们的求雨祭祀活动。舞龙运动是我国民族文化的重要组成部分，其一腾一挪、一招一式都非常讲究，与武术招式相辅相成。在舞龙过程中，引龙人是重要角色，要做到眼、手、身、步、法的灵活自如恰当运用，将彩色龙珠或上、或下、或左、或右任意变换，引导长龙翻转俯仰，每一个动作既灵活自如又潇洒优美。龙头的任务最重，要紧随龙珠灵活地翻滚、腾飞、跳跃，同时每一个动作要兼顾龙身、龙尾，做到灵活而不僵硬，快速而不停滞。龙身、龙尾则要紧密配合、灵活变换，确保整条龙的完整自如。舞龙者需遵循武术要求的"身如游龙、腰似蛇行""腰胯能运转，上下自协调"等技巧。才能达到最佳效果，换句话说，舞龙是武术整体配合的展示，需要练就良好的功底。

另一种重要民族传统体育活动是舞狮，作为传统体育活动舞狮具有独特民族特色和风格，在民间广泛流行。表演精彩的舞狮大都在每年的春节和元宵节，这种喜庆而隆重的仪式，预示着风调雨顺、国泰民安、万事如意。三国时就已出现舞狮了。文献中关于舞狮的最早记载是三国时魏人孟康注释的《汉书·礼乐志》中说："若今戏鱼、虾、狮子者也。"舞狮表演要求舞狮者具有娴熟的技巧、矫健的身法、灵活的步法，因为需要完成各种难度系数较高的动作如：翻滚、上楼台、翻腾、跌扑、跳桌、过跳板、跳跃、滚绣球等必须做到全身的相互配合。舞狮运动可以培养舞狮者的身体素质和精神素质；同时能提高舞狮者的耐力、速度、力量使其拥有灵巧的身体等。龙狮文化在我国民族传统体育项目中是与传统武术联系最为紧密的一项，龙狮文化与武术完美结合，利用武术技法的龙狮表演精彩动人。

（二）端午与龙舟文化

端午节的重要习俗是端午节赛龙舟。龙舟竞渡有着悠久的历史，它是汉族重要的民俗和民族传统体育活动。在闽台地区"划龙舟"也有良好的发展与传承。在南方普遍存在端午节划龙舟的活动，在北方则是以划旱龙舟和舞龙船为主，但赛龙舟在一些靠近河湖的城市也有。为了共庆佳节，同享欢乐，两岸民众在每年的龙舟赛会中，都会邀请对方同河竞技。2011 年 5 月 23 日，经国务院批准将赛龙舟列入第三批国家级非物质文化遗产名录。

传说楚国百姓因屈原的死万分悲痛就到汨罗江边去凭吊他。渔夫们在江上划着船打捞屈原的真身。他们争先恐后，追至洞庭湖时不见踪迹。之后每年五月五日划龙舟以纪念之。为了防止屈原的身体被江中的鱼吃掉，渔夫们以划龙舟的形式赶走江中的鱼。赛龙舟住唐宋时期相当盛行。宋代，赛龙舟传入皇宫，皇帝亲自到场观赛。北宋末年，宫廷想利用龙舟竞渡提高国民士气，祈求龙神保佑国家强盛繁荣。清代，赛龙舟发展迅速，全国各族人民每到端午节都会举行划龙舟比赛。

赛龙舟在新中国成立后迅猛发展，在第一届全国民族形式体育表演及竞赛大会上，赛龙舟仅仅作为表演项目，就得到了广大人民的热烈欢迎和喜爱。1991 年赛龙舟在第四届全国少数民族运动会上被定为正式比赛项目。那之后，在我国赛龙舟稳步发展。如今，这项运动种世界上有许多国家和地区开展，在世界范围内龙舟竞技形式和龙舟文化影响广泛。

二、民族体育文化及少数民族节日民俗

1. "那达慕"大会

"那达慕"大会是蒙古族人心中古老而神圣的节日，是蒙古族最盛大的传统节日。"那达慕"大会每年的 7-9 月间，在大雪山下辽阔的大草原上举行，此时的蒙古大草原上正是一派天苍苍野茫茫，风吹草低见牛羊的旷阔风景绿油油的大草原，鲜花盛开，牛羊肥硕的

大好季节。参加盛会的牧民会穿上漂亮的民族风情的盛装，身骑骏马，无论是住在什么地方的游民都会前来参加这个盛大的节日，大会会按照风俗举行各种比赛，如赛马、射箭、摔跤、马球、蒙古象棋等但是还有每年都有的固定形式，那就达慕大会男子三项比赛，赛马、射箭和摔跤。这三项比赛是在蒙古族特别出名，称为男儿三艺，甚至被称为男子三游，但是，除此之外还会有一些其他的文艺节目，例如一些蒙古族特有乐器的表演，马头琴。还有一些豪放的牧民汉子尽情歌唱，声音洪亮，音域宽广，不同于普通的流行歌曲也不同于其他民歌，是一种特有的宽广草原的韵味，让人听了灵魂为之震颤，洗涤身心，净化心灵。那达慕不仅仅是蒙古族特有的盛会，它还是鄂温克族和达斡尔族的传统节日。当大会开始的时候，这几个民族的人们积聚在大草原上，共同举办盛会，大家分享着，来自不同家庭的美食与快乐，会场上人欢马叫、笑语欢歌，热闹非凡显然一片和谐快乐的气象。其中最受关注的项目当属摔跤和赛马了，夺冠的摔跤手被誉为"雄鹰"，最先到达终点的骑手成为草原上最受人赞誉的"健儿"，这些人都是牧民心中的大英雄，心中神圣的向往，并且会得到所有草原牧民的拥戴。

2. "元日"

"元日"，也就是春节，这是朝鲜族的盛会，在这个盛会中，朝鲜族人会唱歌、跳舞、游戏，还有一些还同节目的游戏，其中妇女特别喜欢的一个节目就是跳跳板，这个节目特别好看，还有荡秋千和顶水比赛，视觉冲击感很是好看，年轻的小伙子们就喜欢参加射箭和摔跤的游戏，当然了，还有一些适合小朋友的游戏，那就是放风筝、拔河和足球比赛了，整体上也是热闹非凡，大人小孩一起上大家的氛围相当好。

3. "乌日贡"

"乌日贡"的意思即为"喜庆吉日"，是赫哲族的传统节日般为农历五月中旬时节开始举行，持续的时间大约为两天。白天举行一些体育竞技类的活动，例如叉草球、拔河、射草靶、撒网、射箭等，等到太阳西下，日落以后，举行篝火晚会，大家一起齐聚在熊熊燃烧的火焰周围，载歌载舞，豪迈的唱歌喝酒，共同庆祝。

三、民族体育文化与中东南地区节日

（一）以单项体育项目命名的民族节日及体育活动

广西壮族的"陀螺节"是在众多民族节日中最典型的，直接用单项传统体育项目命名，该节日从除夕前两三天开始到正月十六日结束，时间长达半个月之久，比赛的最终获胜者，会获得"陀螺王"的美称，受到族人的世代崇拜与敬仰。

（二）以社交和经济文化交流为主要内容的民族节日及体育活动

我国少数民族多聚居在交通不便的高原和山区，并且居住相对较为分散，在社会生活中交往相对较少。而相应的节日规定了日期和地点，人们从四面八方汇聚在一起，这为人们进行相应的社交活动和经济活动提供了机会。少数民族的娱乐形式还有一些是固定的民族节日活动。例如壮族的"三月三"节，每年的农历三月三日，无论老少都会穿上鲜艳的民族服装来参加盛会。

（三）以举办时间直接命名的民族节日及体育活动

这样的节日一般有两个比较出名，一个是"六月节"，也被称为"若扎扎"，是哈尼族人的传统节日，于每年的农历六月二十四日前后举行。在这期间，哈尼族人会将秋千视为骏马，迎神进寨，转起磨秋，以驱害除邪。另一个是"五年祭节"，每隔五年祭祀一次，目的是感谢祖宗保佑丰收，并祈求赐予来年的收获和幸福，一般会举行杆球比赛。

四、民族体育文化与西南地区节日

（一）农事节日及其传统体育活动

举行一些察谷神、禳灾祈丰收等活动是少数民族在农事节日中大多做的事情。因为要受到经济作物的影响，这些节日一般大都有固定的日子。

藏族农民欢庆丰收的代表性节日就是"望果节"，它主要流行在西藏自治区的拉萨、日喀则、山南等地方。节日期间，在广场上举行群众性文娱体育活动，其中藏戏、歌舞、跑马、射箭、拔河等最受欢迎，场面十分热闹。

（二）宗教祭祀节日及其传统体育活动

藏族地区最大的传统节日就是藏历新年，在这一天西藏自治区省会拉萨，会举办各系列的活动，例如体育竞技活动还有一些搞笑娱乐活动。其中，最主要的活动内容就是赛跑、赛马、角力。当然，除此之外，还有一些祝圣活动与游戏、滑稽表演、翻杆戏、崇武表演、舞蹈表演、僧人表演等，深受人们的欢迎与喜爱。

（三）纪念节日及其传统体育活动

纪念本民族英雄而创建的节日称之为纪念节。每年农历六月二十四日是彝族举行"割大草"节的纪念日，该纪念日的由来是相传，有一位彝族祖先为了维护民族的利益，率众反抗官府的残酷压迫，并英勇献身，为了悼念民族英雄，后人便创建了这个节日，后来该节日成了彝族青年十分喜爱的文体活动。

此外，在端午节的时候，白族、哈尼族等民族都会举行龙舟竞渡等传统体育项目，藏族的雪顿节和彝族的盘王节等也都会举行相应的体育活动。

五、民族体育文化与西北地区节日

（一）与宗教祭祀有关的节日及文体活动

关于伊斯兰教的节日，当然先要介绍家喻户晓的"开斋节"了，它是伊斯兰教的三大节日之首，当然过此节日的民族还有许多，如西北地区的回族、维吾尔族、塔吉克族、东乡族、锡伯族、保安族、柯尔克孜族、乌孜别克族及撒拉族等，在这个喜庆的日子，各组朋友一起载歌载舞，对酒当歌，与此同时还有相关的文体活动，比如常见的赛马、摔跤、叼羊、套马等。

其次介绍的节日是古尔邦节，清真寺成了他们聚集一起、共跳共唱的欢乐场所，由于伊斯兰教妇女的特殊礼仪，她们不能来到清真寺，但她们三五成群的在家中也是载歌载舞、一起庆祝，此外还有维吾尔族、哈萨克族等的赛马、叼羊等这些代表性的文体活动。

（二）新春伊始类节庆及体育活动

新春伊始，西北少数民族会和汉族群众一起过农历的春节。也有些民族是依据些自然现象来确定本族的新年日期的。

蒙古族以正月为白月，将新年称之为白节，除夕之夜后便开始进行一些传统的体育活动：男人下蒙古棋，妇女儿童玩羊骨拐或纵情歌舞，并相互拜年和举行赛马、赛牦牛、拔河、角力等活动庆祝新年。

农历三月二十二日是的春节，又被称为"诺劳孜"节，在盛大的节日期间，柯尔克孜族的族人会和汉人一样，相互到各家各户拜年，相互问好，有时还会带上些家里的特产相互赠送，并举行一系列的传统体育活动，如赛马、打靶、马上角力、拔河、叼羊以及摔跤、荡秋千等。还有一些载歌载舞的文化娱乐活动

（三）婚恋郊游类节庆及体育活动

这类节日是在人类社会群体需要的情况下产生的，在不同民族和地域中不断发展，形成了各具特色的形式。

新疆的俄罗斯族在每年农历的六月底或七月初都要为男女青年过一个成年节，这个节日是为了庆祝姑娘和小伙成为成年人，在这一天接受成人礼的孩子们要身着盛装，欢聚一堂，欢天喜地，进行歌舞娱乐活动。

柯尔克孜族和塔尔克族的节日比较特殊，他们称之为"姑娘追"，其含义是青年男女摆脱父母包办婚姻、追求自由恋爱的期盼，有意寻找配偶的小伙子和姑娘，会穿上最漂亮的衣服，把自己打扮的最美丽，在节日这天骑上骏马，在辽阔的大草原上相互追逐，相互嬉戏，通过这种体育活动，许多有情人终成眷属。

第二节　民族体育文化与旅游文化

一、体育旅游的早期发展

（一）阶级社会的旅游活动雏形

发展到奴隶社会，社会经济取得了一定程度的发展，统治阶级出于统治的需要加大了一些基础设施建设，这客观上为人们早期的旅行活提供了某种便利。在这一阶段，奴隶主作为统治阶级却终日无所事事，于是为了寻求娱乐和刺激，观赏斗兽和角斗士表演等活动逐渐开展起来，这都具有了观赏体育活动的内容，如在斯巴达式教育中，就充满了统治阶级和贵族士大夫们的娱乐消遣方式。从那个时候开始，新型旅行方式开始发展起来，并且是以休闲、娱乐为主要目的的。产生这种状况的主要原因是奴隶制社会的统治稳固、经济、社会和物质文明的发展。那个时候旅游的形式主要有这么几种，分别是古代商务旅游、古代宗教旅游、古代修学旅游和古代航海冒险旅游等等。

发展到封建社会，社会生产力取得了进一步发展，道路畅通、官方驿站和民间客栈的大肆兴建为人们旅行提供了极大的方便。在这一时期，各种旅行活动开展起来，其中如传统的商旅、帝王"封禅"、官吏的离赴任、读书人的访学赶考等都是常见的旅行方式。

总而言之，封建社会时期为人们的旅行奠定了必要的物质基础的除了社会经济的发展，还有交通的便利。需要注意的是，那个时候旅行活动的内容还很贫乏，仅限于徒步、骑马、驾车等几种体育旅游的方式，但这为现代体育旅游的发展提供了某种借鉴。

（二）近代旅游发展与休闲

19 世纪初期，人类的旅行活动就开始大量出现，而外出旅行者尤其是传统的生存移动和商务旅行在规模上远远不及在社会上消遣的规模。由此可见，旅游服务业在整个旅游活动中产生的作用越来越重要。

近代时期，正处于工业革命时期，因此旅游发展是与工业革命产生的影响是密切相关的。随着社会经济发展，工业革命应运而生，工业革命深刻影响了人类社会的各个方面，对旅游来说也是如此。

良好的市场需求促进了旅行社的出现与发展，工业革命促使社会经济获得了飞速的发展，人们有了更多的时间和金钱外出参加旅行。但是，人们外出旅游仍面临着种种不便，如缺乏对旅游地的了解、语言障碍等，这就需要有人提供这方面的服务。最先意识到这个问题的是英国人托马斯·库克，他建议设立某种组织机构来满足这种社会需要，这在旅游发展史上是一件极为重大的事件，因此，在旅游发展史上，托马斯·库克也成为里程碑式的人物。

1845 年，世界上第一家旅行社—托马斯·库克旅行社成立了，创建者是库克。同年，他还第一次成功组织了莱斯特至利物浦 350 人的团体旅游，是一次消遣性的观光旅游团，1846 年，他又成功地组织了 350 人到苏格兰集体旅游。这两次大规模的旅游组织活动，使得托马斯·库克旅行社名声大噪，因而在旅游界里的社会地位飞速提升。1855 年，世界博览会在法国巴黎举行，库克又成功组织了 50 余万人前往参观这次世界博览会，这次组织活动开创了世界上组织出国包价旅游的先河。1864 年托马斯·库克父子公司应运而生，有了这么多丰富的成功经验，公司计划全面开展欧洲地区的旅游业务，果不其然，托马斯库克父子公司成为全欧洲最大的旅游企业。另外，库克还创办了世界上最早的旅行支票，方便了世界各国人民的旅行。总之，随着旅游公司的发展，托马斯·库克在旅游方面的杰出贡献有目共睹，因此托马斯·库克被称为近代旅游业的创始人。而随着托马斯·库克旅行社的建立，也标志着近代旅游业的诞生。1786 年，德·索修尔和巴尔玛揭开了现代登山运动的序幕。1857 年英国成立了登山俱乐部；法国、德国于 1890 年成立了观光俱乐部。19 世纪下半叶，许多类似的旅游组织在欧洲大陆不断出现，出现一派繁荣景象。这些旅游机构所组织的活动已具有了体育旅游的意义，使体育旅游逐渐步入商业化的轨道，使以体育为主要目的和内容的旅游在当时就成为社会的时髦，随着休闲体育旅游成为绿色朝阳产业，民族传统体育文化旅游也开始逐渐地成为旅游产业的重要组成部分。

二、现代旅游发展

（一）类型由观光向休闲发展

当今社会随着人们阅历的增加以及欣赏水平的不断提高，以前"走马观花"的旅游方式不再适应现代群众的需要。人们希望走出常住地，换一种心情和视角看世界，从而使日常生活和工作的心理压力得以释放，身心得到愉悦。于是，以休闲娱乐为主要目的和内容新颖的旅游将逐渐取代传统的观光旅游。而目的地由城市逐渐地向乡村发展。

现代社会，城市化进程逐步加快，大众文化广泛传播，使得城市间趋同的共性增加，差异也越来越小。在这样的情况下，人们的目光开始转向乡村，于是乡村旅游开始流行起来。随着乡村旅游的发展，改善了农村的产业结构，改变了传统农业的发展模式，促进发展模式的多样化，增加了农民的经济收入，有利于促进城乡体化的发展。

（二）内容由人文向自然发展

在激烈的社会竞争和快节奏的生活中，人们更加渴望放松，由此人们的旅游观光和参与对象发生了巨大的变化。起初，人们参与旅游大多关注的是人类创造文明的成果和建设的成就，如各种博览会、城市建筑等，虽然现在旅游者对此仍然感兴趣，但是现代社会城市中高速度的节奏使人备感压抑，人们越来越倾向于回归自然，在大自然里放飞自己的心

情，将自己的消极情绪释放出来，心理压力也得到释放 3.心理感受由享受向刺激发展

现代旅游业的飞速发展，让人们享受到了更好的旅游服务。标准等级、豪华等级、超豪华等级，一个档次比一个档次更舒适、更人性化。现代生活科技含量高人们很享受外出旅游，也享受这样无差异、无个性的舒适。旅游者开始寻求刺激。体育旅游与户外休闲正是满足了人们的这种心理需求而获得了广阔的市场前景。体育旅游的产生与人类的生活与发展息息相关，从历史发展来看，旅游文化比民族传统体育文化的产生要晚得多，为了有效地促进民族传统体育的快速发展，民族传统体育与旅游有机结合在一起。它们的有机结合为民族传统体育项目及其文化的现代化发展和可持续发展指出了一条重要的光明的发展道路。

三、民族传统体育旅游

我国有 56 个民族，种类众多，使得我国的民族传统体育资源也多种多样、形式各异、五彩缤纷。民族传统体育在近年来的发展势头较猛，尤其是在多民族聚居区，更是开发了大量的民族传统体育相关活动，给当地带来了诸多益处。在长期发展进程中，我国民族传统体育文化与各民族和地区的生存环境、生活习俗、宗教、艺术等方面相互交融，形成了多种文化交相呼应的民族文化综合形式。这种综合形式可以恰当地利用自然山水景观和民族文化氛围，促进民族传统体育资源与社会资源、自然资源、文化资源的优化组合与有效配置，可以更好地促进民族传统体育资源的发展。因此，这些都有利于民族传统体育旅游资源的开发与利用，并为其提供了可行性保障。因此，民族传统体育旅游资源也有了巨大的开发价值。

（一）民族传统体育旅游开发

1.景点的规划与设计

两大资源条件（自然资源条件、人文资源条件）和体育旅游者的定向两方面的因素是民族传统体育旅游景点的规划与设计要考虑的重要因素。民族传统体育旅游是一种特殊的旅游形式，其本身具有自己鲜明的特点，需考虑一般体育旅游者的能力，因此他们对旅游基础设施的要求较高。这些问题在对体育旅游资源进行开发时就应该注意到。如果难度大、危险性高就会打消旅游者参与的积极性。例如，对于参加猎奇型、极限探险等体育旅游活动的参与者而言，他们对体育旅游资源的基本要求是新、奇、险，必须要有刺激性、挑战性，这样才能调动他们参与体育旅游的积极性。除此之外，对野外生存、救护、通讯联络要求较高，对交通道路、旅游基础设施要求不高。

2.交通与通讯可行性

除了上面的因素以外，交通与通信也是开发民族传统体育旅游资源所需要注意的重要因素，也有利于旅游地内部交通运输便利的实现，也是旅游地与外界联系的先决条件。

少数民族生活和聚集的地区存在着我国众多的民族传统体育文化，但这些地区多为我国偏远地区，存在着许多问题，尤其是地形和气候非常复杂，交通不便，只有保证旅游地交通与通讯的可行性，才能缩短旅游时间与空间的距离，加强和外界的联系与交往，旅游地只有能够进得去、留得住、出得来，才能吸引旅游者前去旅游。

3. 体育与旅游的设施

进行民族传统体育旅游活动的设施主要包括民族传统体育旅游活动的设备与器材（如赛马中的马匹、爬竹竿中的竹竿、拔河中的用绳等）的购置以及建设运动场所及相关的配套设施。值得注意的是，要重视加强旅游者在体育旅游活动中的安全与保障措施。

（二）民族传统体育旅游管理

所谓体育旅游资源管理，是指具有一定管理权力的组织和个人对体育旅游系统的人、财、物、信息、时间等要素进行计划、组织、协调、控制、监督的过程。体育旅游资源管理的对象主要是管理活动的承受者，包括人、财、物、信息和时间五个方面。具体如下。

（1）人。任何一项活动都离不开人的参与，体育管理同样离不开人的操作，人是体育管理系统中最重要、最核心的因素。在体育事业中，人的活动表现得最为直接、鲜明和突出，具体表现为运动员在竞技比赛中的胜负、国民身体素质的高低等。人"在体育旅游资源管理的活动过程中，主要扮演的是体育旅游工作的操作者这角色。体育旅游资源管理的组织机构由人来组成，目标和计划需要人去制定，决策方案要靠人去实施等。因此，"人"是管理的核心，人的积极性是管理的动力，人的创造性是管理创新的基础。

（2）财。体育旅游事业的组织管理和发展需要大量的资金，有了充足的资金才能保证体育旅游事业顺利开展。体育旅游资源组织和管理的费用，就是我们谈的财"。因此，在体育旅游资源管理活动过程中，合理使用体育经费，用好每一分钱才能有效提高体育旅游管理的基础效益，才能为体育事业创造良好的经济价值、政治价值、社会价值和精神价值。

（3）物。体育旅游事业的发展需要物质基础。体育旅游管理中对物实行统一合理的有效管理。不仅要对体育设施、体育器械进行管理，还要对体育仪器、体育服装等进行全方位的管理。只有加强高校体育"物"的管理，才能提高物的使用率。

（4）信息和时间。信息和时间对民族传统体育文化旅游的发展具有重要的影响所以我们必须要对时间进行管理。对时间进行管理就是要在尽可能短的时间内办更多的事情，提高工作效率、办事效率。它对体育事业实现快速、稳定、可持续发展具有重要影响。而对信息的管理则是在管理过程中应搜集和整理更多的信息，从而为管理工作提供相应的依据。

可持续发展的观点被广泛应用于社会各个领域，民族传统体育文化旅游资源也不例外，也要做到可持续发展。民族传统体育旅游资源的可持续发展是将当代的发展与未来的发展相结合起来，未来发展的可能性是制定当代发展战略的前提，今天的发展要为明天的发展创造条件，不能只满足于当下的发展，要从长远利益出发，更要着眼于体育旅游的未来发展，使其一步步进入持续、稳定、健康的良性循环，为我们的子孙后代谋求福利。因此民族传统体育旅游资源的可持续发展要做到经济社会、人口、资源、环境各要素之间相互协调，共同发展。当然，要真正做到可持续发展，需要通过一系列手段和措施为体育旅游未来发展开发资源，创造条件。

第三节　民族传统体育文化与奥林匹克文化

一、奥林匹克文化性质

（一）奥林匹克运动文化以体育为载体

从文化的领域来辨别可以认为体育是奥林匹克运动文化传承的载体，因为奥林匹克运动既包含了竞技体育，又包含大众体育。不仅如此，奥林匹克运动的相关文化活动更是有着十分突出的作用。体育与文化虽然有区别，但更多的是联系。

体育与文化的影响是相互的，也在不断地相互促进。文化内的各种因素都对体育有着深刻的影响，而体育当中的各个方面同样影响着文化。体育是人类在体能方面自我完善的一种重要手段，能够促进人体机能的发展。体育还能够积极地影响人的内在与社会的行为，这种积极的影响形成了体育的文化精神。人类的智慧就蕴藏在体育之中，所以它能够得到许多人的关心和主动参与，这使其文化功能得到了更多的关注。体育还作为一种语言而存在，它在国际上能够通用，任何人都不用翻译，这使它能够超越不同国家的意识形态，被所有人所接受，所以体育是国际文化交流最便利的工具。

体育作为奥林匹克文化最重要的载体，不仅可以发展人体技能，还有利于智力的发展。顾拜旦在复兴奥林匹克运动的时候，力求奥林匹克运动将智力和艺术融入进去，不单纯的是一场体育竞技和锻炼，还是一种身体和心灵综合性的锻炼与提高。国际奥委会前主席萨马兰奇对这一理念的评价非常准确，他认为，奥林匹克主义就是体育运动与文化的结合。

奥林匹克运动通过体育发展文化，促进友谊，为人类文明做出了突出的贡献因此，每4年一次的奥运会不仅是一场体育竞技和争得荣誉的盛宴，更是一场文化交流，促进人类文明进步的一场盛宴。

（二）奥林匹克运动文化以教育为核心

古代奥运会的主题是宗教祭祀。古代奥运会通过进行教育和训练，将人体美、高超的技艺和在这过程中体现的竞技精神奉献给神灵，奥林匹克运动不仅要求运动员有高超的运动技巧，同时也要具备优良的品德，这都需要良好的教育才能获得。在古希腊的奥运会上，运动员获得比赛胜利将迎来人们的尊敬，这使古希腊社会有了通过崇尚英雄、崇尚美德来进行教育的手段。

现代奥林匹克运动继承了古希腊的奥运精神和教育思想，并在取其精华去其糟粕的基础上进一步将其发扬光大，现代奥林匹克运动传达奥运精神，来教化人们，让人们产生正确的思想，最终使我们的地球家园更加和平，实现共同进步。其中包含了奥林匹克运动的重要目的，那就是对世界人民的教育。因此我们可以把奥林匹克运动不单单的视为一种体育竞技运动，而看到其背后传达的奥林匹克精神，把这个运动当作是一种教育活动，促进人们身体和精神的共同成长。

（三）奥林匹克运动文化以西方文化为主导

奥林匹克运动文化以西方文化为主导，这是由于古代奥林匹克运动文化源于古希腊文化，古希腊文化则是西方文化发展组成而来，也就是说古希腊文化也是源于西方文化；现代奥林匹克运动也是诞生在西方，首届现代奥运会的运动员大多来自欧洲和北美，有13个国家的300余名运动员参与了现代奥运会，其中有230人是希腊人，占运动员总数的74%。发展到今天，现代奥林匹克运动已有百余年的历史运动员几乎遍及世界的每个角落，截至2012年，在英国伦敦举办的第30届奥运会，已有超过200个国家和地区的大约10000多名运动员参与这次运动会。由于受到历史及经济、政治等各个方面原因的限制，尽管奥运的普及需要多元文化的融入，但是奥运会中存在最主要的元素仍旧以西方文化的色彩为主。此外，在国际奥委会当中，大多数委员都是西方人，在奥运比赛项目中，西方现代竞技体育项目的主导地位也是毋庸置疑的。综上所述，尽管现代奥林匹克运动文化有着多元文化，但是仍以西方文化为主。在西方文化中，公民意识非常重要。它包含责任意识、公德意识、民主意识和道德意识等各个方面，它使公民个人认识自己在国家中的地位。对于现代公民而言，公民教育使其成了社会生活中合格的公民，注重自身权利的维护和义务的履行，能够促进社会的和谐发展。随着时间地发展，各国慢慢地开始重视对公民教育，尤其注重培养青少年公民意识。现代奥林匹克文化的传播，有助于公民意识的觉醒和培养，其作为促进社会和谐的拓展观念，树立起奥林匹克文化的规则意识、责任意识、尊重意识这对于社会的发展具有重要的促进作用。

2008年北京奥运会开始后，各国在北京的很多学校开展了许多文明礼仪的教育活动，将"尊重平等教育"列为重要的内容。各国教育活动的开展，有效地促进了尊重意识的发展，也促进了我国学校德育体系的发展，对社会产生了良好的影响。

（四）奥林匹克运动文化有着催人向上的精神

世界先进文化符合全人类社会文明的发展方向，符合所有人类的共同愿望。现代奥林匹克运动文化是一种先进文化的重要组成部分，它作为一种优秀的文化形态将西方文化当中的精华融入自身，随着时间地发展，又将世界各国文化的精髓吸纳进来，蕴涵着伟大的精神文明。从古至今，奥林匹克运动文化经得住几千年的历史考验，毋庸置疑，这些历史让它在全人类当中有着无可比拟的影响力。奥林匹克运动文化传递着世界最为珍贵的真、善、美与和平，深刻地展示出了人类理想的崇高精神境界。奥林匹克运动文化具有先进性，体现在奥林匹克运动的各个方面，不过其核心内容就是主张人类社会的和谐发展，使世界变得更加和平、美好。

（五）奥林匹克文化的和谐思想

现代奥林匹克运动继承了古代奥林匹克运动的精髓，其在思想文化等方面，继承了古代奥运会的公平竞争、拼搏、和谐等方面的精神思想，又在这一基础上结合时代精神进行了发展。由于奥林匹克文化的体系是由奥林匹克主义、奥林匹克宗旨、奥林匹克运动的宗旨、奥林匹克精神等组成的，因此我们可以看出来，这些内容都在不同的角度传递着奥林匹克文化中的和谐思想。

如今，奥运会早已不是进行单纯的体育竞技，已经在更广的意义上将身体运动、艺术氛围和精神熏陶等方面融为一体，代表了一种文化中哲学思想的价值取向，从而使人变得更加完整。《奥林匹克宪章》把"奥林匹克主义"解释为：奥林匹克主义将身、心和精神方面的各种品质均衡地结合起来，并通过参与奥林匹克运动提高自己的身体素质、精神思想和心灵浇灌，它是一种人生哲学。它将体育运动和文化以及教育等方面融为一体，促进人的全面发展。奥林匹克主义建立的生活方式以一般伦理的基本原则为基础，重视榜样教育对其他运动员甚至是世界人民的教育价值，主张在奋斗中体验进步、拼搏和最后取得胜利的乐趣，并将其上升到了人生哲学的高度，其不仅仅是对运动技能的提供和完善，更是对人的心理和精神等方面的提升它不仅是一种高水平的竞技活动，更是将人类的教育和文化等方面结合在了一起；它不仅能够使得人们充分体会到竞技活动带来的愉悦感受，还为其他体育竞赛活动的发展提供了发展的方向，发挥了榜样的力量。通过奥林匹克文化的榜样作用，能够促进其教育功能在更广泛范围内的实现。这种社会活动，将身、心和精神的和谐发展融为一体，不仅能够促进个人的健康成长与和谐发展，更能够促进社会的和谐与进步。

奥林匹克运动的宗旨在于促进人类个体、群体和整个社会向更美好的方向发展而这些是通过充分团结、公平和友谊氛围的竞技活动来实现的。它将体育互动作为改造人类个体和整个社会的力量，促进人类向着真、善、美的价值取向前进。因此，现代奥林匹克文化充分体现了人追求和平、美好的理念，彰显着人们对于和谐美好明天的愿望。

现代奥林匹克运动作为万众瞩目的世界性体育盛会，促进了不同国家、不同民族、不同社会制度下的人们之间的相互理解和沟通以及文化交流，在活动过程中这种文化碰撞，不仅有利于各国人民理解和尊重彼此的文化差异，更发展了世界人民之间的友谊。通过开展奥运会，能够在一定程度上减少国际之间的冲突，从而达到促进世界和平和维护世界稳定的目的。

三、民族传统体育文化与奥林匹克文化思想

（一）奥林匹克文化的内涵

（1）和谐发展。对于社会中的人来说，和谐发展体现在体力和智力这两大方面。

在古代的奥运会时期，就非常强调人在运动中的和谐，运动中的强者不光要表现出高强的技艺和健康的体态，同时在道德和知识方面同样不能够落于下风。在古希腊人的观念里指的身体健康是生活健康所需要的最基本的要求，只有有了健全的体魄，健全的灵魂才能够有栖息之所，所以说古希腊非常注重身体和文化齐头并进，共同发展。

现代奥林匹克运动更加讲求以人为本。体育活动能够使人身体强健，从而获得更加强健的体质，对于思维能力的发展也有非常大的帮助，从而使人的人格更加健全。奥林匹克精神当中的科学理念就是"增强体质、意志和精神并使之全面均衡发展"。为此，顾拜旦写了一首《体育颂》，对体育所能发挥的作用赞美不已。他鼓励在体育运动中表现得更加积极，以人得到全面发展为目的，在拥有强健的体魄的同时，能够在素质上有着更高的升华，最终使每一个人都能变得高尚、公正、坚强、聪明、健美。

（2）团结友谊。奥林匹克运动的最高目标就是能够令世界上所有的人都能够相互交往，相互了解，建立友谊，减少人们之间的误解，最终将世界变得能够维护人的尊严，更加美好，从而超越了单纯的体育活动的范围。

在古代奥运会当中橄榄枝象征纯洁、友谊、和平，是获胜者的最高奖品。为了举办奥运会，古希腊人特意制定了神圣休战条约，在遏制战争，维护和平方面起到了不可替代的作用。现代奥运会继承了这种奥运精神，将人类对和平这一渴望强烈地映射了出来。

奥林匹克标志由五个奥林匹克环组成，这个五环标志，代表全世界五个大洲的团结一心，全世界的运动员在奥林匹克运动会这一天聚在一起，欢度奥运这节日般的聚会。现代奥林匹克运动逐渐成了使各国人民都能够相互沟通的一座桥梁，成了世界人民大团结不可缺少的纽带，不同民族、不同文化的人们能够更加深入地了解，更加长久地维护世界范围内的和平，避免战争爆发。

（3）公平竞争。竞争作为体育运动最基本的特征，也是体育运动魅力的来源。奥林匹克主义当中体育的竞争，要求体育活动首先要保证有着公平的道德，提出了体育就是荣誉，但荣誉公正无私"的观点。

体育运动竞赛中，运动员之间激烈的对抗一决高下，这一过程中身体经历了磨砺，意志品质同时也得到了锻炼，而观看比赛的观众也得到了极大的享受。相互竞争才能推动人类社会的进步。人类在竞争中才能使自己的雄心得以展现，聪明的头脑也能够得到进一步发展。参加体育运动必须要敢于竞争，面对强手如林的环境，要无所畏惧，超越自我，战胜对手，创造纪录与奇迹。人类的发展，正是靠着这种动力，才能够不断创新，不断向前迈进。

现代奥运会面对全世界的人们，不分血统、种族、肤色、国籍，运动员人人平等，面对着公平，在不违反规则的前提下，依靠自身实力，正大光明地参与到比赛当中去。这种竞争是公平的竞争

（4）奋力拼搏。勇于拼搏奋斗，直面竞争，这样才能寻找到生命的真正价值，在奥林匹克运动中也一直贯彻着这一宗旨。人们奋斗的景象，可以浓缩在赛场上。赛场上的汗水，竞争的激烈，不光能够影响到在赛场上拼搏的运动员，对电视机和现场的观众们而言也是非常好的励志课，处在成长过程中的青少年看到这一景象，会使他们终生难忘，从而更加理解奥林匹克运动的精神。奋斗的精神蕴藏在每一个人类的内心当中，是人类能够发展到今天，自强不息勇攀高峰的可贵品质。

（5）重在参加。体育竞赛中，不光存在胜与负的比拼，运动员之间精神、气势和斗志的较量往往更加重要。由此可知，过程很有可能要重于结果。体育比赛中的优胜者往往只有一个，这是要通过不懈的拼搏才能够争取而来的，参加比赛的人对于这一点都应该有着心理准备。有些运动员由于实力等方面的先天差距，虽明明知与冠军无缘，甚至很难拿到名次，但这些运动员并未放弃，而是毫无畏惧地走上赛场，参与拼搏，这种精神鼓舞着人们不断前进，这也是重在参加的重要意义所在。

奥运会当中，参赛的每一个选手都有着摘金夺银的可能，但优胜的天平总是向永不放弃和顽强拼搏的人的方向倾斜，这有可能不能够最终决定胜利的走向，但定是获得胜利的人应当拥有的思想内涵，是体育精神最重要的精华所在。竞赛往往是残酷的，但经历了竞赛，参与了竞赛，这也是一种经历，获胜与否变得不再重要，更重要的是参加了这项令人痴迷的活动。

奥运赛场上英雄主义、集体主义、爱国主义高度一致，使得每一个参与者与观赏者的自豪感得以激发，不仅增强其国家的民族凝聚力，而且还升华了奥林匹克运动的精神。

（二）民族传统体育文化与奥林匹克文化的对接与融合

随着世界经济一体化发展，体育文化得到了良好的发展。通过国际不断的体育运动交流的加强，在奥林匹克运动和联合国教科文组织、世界体育组织的共同努力之下，国际化的竞技体育与群众体育之间相互融合，东西方的体育文化也相互交流和整合，这是一个多么和谐的画面。

不管是东方体育文化还是西方体育文化，都是人类共同的体育文化，是人类互相交往和互相学习进步的结果。随着经济社会的不断发展进步，现代体育文化也结合时代背景发展起来。但总归来说，它始终是由英国、美国等西方国家文化发展而来的产物。现代体育文化呈现出竞技化、普遍化和个性化的发展趋势，这是与现代经济活动和生产活动相适应的。而我国，在漫长的发展历史中，由于一直以来都是自给自足的自然经济，从而体育文化也相对孤立，与其他地方处于隔绝的状态。而且我国自古以来都非常注重伦理道德对人民的教化，这一点对我国的民族传统体育文化也有重要的影响。随着我国改革开放的深度

推进，我国打开大门，迎接来自世界各地的文化，这样东西方文化逐渐实现了碰撞、交流和融合。我国民族传统体育文化具有鲜明的特质，其中之一就是其包容性。我国是一个多民族国家，又经历了上下五千年的历史发展，各民族传统体育文化相互融合，从而形成了源远流长的中华精神文明。

分析了我国民族传统体育文化的发展过程，可以发现这个过程鲜明地体现了体育文化之间的碰撞、交流和融合。例如，西方的足球、游泳和田径等运动已经成为我国重要的体育运动项目，并且已经走进我国体育教学的课堂，成为我国体育教育事业的重要组成部分。而随着西方文化的融入，毫无质疑的是西方的体育文化理念，对我国的体育文化产生了深刻的影响。比如，我国的体育文化吸收了西方体育文化注重公平竞争、公正、平等等思想，促进了我国民族传统体育体育文化的进步与繁荣。

不仅如此，受到西方体育文化的影响，我国传统的体育项目也发生了深刻的变化，在原有的基础上融合西方体育文化，创新出新的体育运动项目。例如，我国的传统武术运动，结合西方的竞赛方式，从而形成了独具特色的散手竞技；再如，我国的传统气功养生功法逐渐开始注重其科学理论依据。我国结合时代背景，响应人民群众对新的体育文化的需求，积极发展、创新体育文化，大大地促进了我国传统体育的发展。

当然，我国的传统体育文化传到西方，也对西方体育文化产生了重要的影响。例如，我国的养生观念、伦理道德观念等也逐渐融入了西方体育文化中。在东西方文化的相互影响过程中，两种体育文化也表现出趋同化的特点。

民族传统体育从我国民族优秀文化之中诞生，凝聚着我国五千年文明的智慧。在2008年北京奥运会开幕式上2008名演员击缶而歌，吟诵着"有朋自远方来，不亦乐乎"，热烈欢迎世界各地的运动健儿和嘉宾来到北京参加奥运会。开幕式上的表演是中西体育文化的一次大交汇与融合，古代文明与现代技术、东方神韵与西方魅力紧密结合在一起，这种民俗文化与现代奥运的大融合与时空大移位使昔日的神话可以通过声、光、电梦幻般表现出来，昔日农耕民族为祈神求雨的手舞草龙，幻化成制作精良并配有声、光、电在空中飘荡的飞龙，昔日为祭龙和祭祀屈原的赛龙舟变成了为奥林匹克运动会庆贺的表演项目。

各民族传统体育文化和民俗文化借助现代奥运会很好地展现了各个国家和民族的风土人情，同时又为奥运会渲染了节日氛围，体现了奥林匹克全球化、多元化发展趋势，也反映了世界范围内文化多元发展的趋势。

民族传统体育文化作为我国民族优秀文化的代表，深受我国传统文化的影响，继承和发展了我国传统体育文化的精华，增强了我国人民的健康体质，也促进了中国传统文化里社会道德观念等方面的发展。而现代奥林匹克文化也注重人的身体和心理方面的共同提高。奥运会是全世界各国各族人民向世界展示本土体育文化的大舞台，我国民族传统体育文化必须与世界体育文化发展相结合，才能走向世界。

第五章 全球化背景下的民族体育文化

"全球化"一词的由来，可以追溯到 1943 年，而该词成为一个"常见新词"是在 1972 年之后。关于"全球化"一词，人们从不同的着眼点对它进行界定。在国外，有学者认为，"全球化是没有时间和空间区别的相互依存"；"全球化是时间与空间的压缩以及经济与社会关系的普遍化。"蚤国际货币基金组织对"全球化"所下的定义为："全球化是跨国商品与服务交易及国际资本流动规模和形式的增加，以及技术的广泛迅速传播使世界各国经济的相互依赖性增强。"德国教授德尔布鲁克则认为，"全球化是市场、法律和政治的非国家化进程，它为了共同的利益而将各民族和个人联结在一起。"有学者认为该定义是最好的全球化定义之一，其特色是，指出了全球化涉及的有关活动的"非国家化"，而诸如立法和管理市场一类的活动，以前一直被认为是国家的专有领域，全球化因此而有别于"国际化"。该定义的第二个显著特征，是对全人类"共同利益"的认同。长期存在的民族国家体系不能想象超越一国的全人类"共同利益"，这种利益是由不同的、有时是冲突的国家利益的相互作用而产生。据此，全球化试图超越这些单独的国家利益以确认全球社会的共同利益。这创立了一个能使不同观点俱容其间的全球"公共空间"。

全球化（globalization）是一个以经济全球化为核心、包含各国各民族各地区在政治、文化、科技、军事、安全、意识形态、生活方式、价值观念等多层次、多领域的相互联系、影响、制约的多元概念。在《世界是平的》一书中，托马斯·弗里德曼提出现代社会必定抵挡不了全球化的浪潮，并将全球化划分为三个阶段：第一阶段主要是国家间融合和全球化，开始于 1492 年哥伦布发现"新大陆"之时，持续到 1800 年前后，是劳动力推动着这一阶段的全球化进程，这期间世界从大变为中等；第二阶段是公司之间的融合，从 1800 年一直到 2000 年，各种硬件的发明和革新成为这次全球化的主要推动力，从蒸汽机、铁路到电话和计算机的普及，这期间世界从中等变小；第三阶段是从 21 世纪开始的，世界已经发生了"质的变化"，个人成为主角，肤色或东西方的文化差异不再是合作或竞争的障碍。

按英国学者戴维·赫尔德的说法："全球化是一个体现社会关系和交易的空间组织变革的过程，此过程可以根据其广度、强度、速度以及影响来衡量，并产生了跨大陆或区域间的流动与活动、交往与权力实施的网络。"科技进步是一切社会变迁的原动力，交通和通信技术的进步是全球化的依托。交通的进步促进人员和物质产品的全球化，通信的进步促进精神产品的全球化。当然，两类技术的作用经常分不开。互联网能调动资本，轮船也能传播精神。抛开技术进步因素，全球化是资本的全球化，亦是关于资本之"主义"的全球化，即利润至上观的全球化。马克思在150年前就讨论了全球化的这个本质。除了战争时期，资本在全球范围里疯狂地追逐利润，每天24小时，从不疲倦。所以，到目前为止的全球化体现为市场经济体系在全世界的扩张，即我们常听到或谈到的经济全球化。

经济全球化（economic globalization）出现于20世纪80年代，90年代得到认可，目前暂无统一概念。国际货币基金组织（IMF）于1997年发表的一份报告中指出，"经济全球化是指跨国商品与服务贸易及资本流动规模和形式的增加，以及技术的广泛迅速传播使世界各国经济的相互依赖性增强。"而经济合作与发展组织（OECD）认为，"经济全球化可以被看作一种过程，在这个过程中，经济、市场、技术与通讯形式都越来越具有全球特征，民族性和地方性在减少。"所以我们大致可以认为：经济全球化是指世界经济活动超越国界在全球范围内自由流动，通过对外贸易、资本流动、技术转移、提供服务、相互依存、相互联系而形成的全球范围的有机经济整体。

文化全球化（culture globalization）是指世界上的一切文化以各种方式，在"融合"和"互异"的同时作用下，在全球范围内的流动。文化全球化是与经济政治的全球化相伴而产生的，是经济全球化在文化领域中的延伸和扩散。它既是一种社会文化过程，又是一种社会文化结果。从过程看，它指的是世界上各个民族文化之间的更加广泛、更加频繁、更加深入的相互接触与往来、交流与融合、互渗与互补；从结果看，它指的是各个民族文化突破了原有地域和模式的局限性而走向世界，将本民族的文化资源转变成了全人类共享的文化资源。

在全球化充斥着地球每一个角落的今天，任何一种文化的发展都注定是多边的、动态的，并会伴随着社会的发展同步进行。体育文化作为文化的一个分支，也必然会受到全球化浪潮的影响。那么，民族体育文化要想在全球化背景之下得以发展，其正确发展的理念究竟是什么呢？

第一节　当今世界的体育全球化趋势

一、经济全球化背景下的全球体育文化

文化历史学家弗雷德里克·詹姆逊指出："所谓文化——即弱化的、世俗的宗教形式，本身并非一种实质或现象，它指的是一种客观的海市蜃楼，缘白至少两个群体以上的关系。这就是说任何一个群体都不可能独自拥有一种文化；文化是一个群体接触并观察另一个群体时所发现的氛围。"按照此观点，文化应该是用他种文化的眼光看待时才有客观性，不过，文化的自我认识也不一定就用他种文化的眼光来看待更差。

人类社会发展到今天，全球化趋势已经成为一个不容否认的客观事实。它起源于地区

间经济的合作与交流，在较短的历史时期内便呈现出全球经济一体化的趋势。与之相伴，各个国家和民族的政治、思想、文化领域都不得不因经济的全球化而做出主动或被动的调整，体育文化在这一趋势下，展示出了主动调整的态势。

文化全球化和体育文化全球化还是一个非显性的、经常为世人及当局、当政者困扰或忽略的话题。

作为全球化的一个重要方面，体育文化全球化是伴随着经济全球化的巨大影响而提出来的，是经济发展的必然产物，同时也是在一定历史阶段下才出现的现象。15世纪末的地理大发现激发了西方对欧洲以外的领土、财富的欲望，同时也刺激了西方国家工业的发展和世界市场的开拓，水手、商人、传教士、商品等都成为体育文化传输的载体，所以地理大发现使体育文化全球化有了最初的萌芽，但是由于当时交通和通信技术条件的限制，体育文化之间的相互交往还是比较受限制的。因此，体育文化全球化并没有真正形成和发展起来。

体育文化全球化获得持续快速的发展是在18世纪末期的工业革命以后，主要归功于奥林匹克运动的兴起。这一时期，体育文化交往的范围扩展至全球，体育文化交往的深度、速度也由于交通与通信技术的发展而得到迅速发展，一些全球、全球组织等全球性因素和概念出现，并出现了奥林匹克体育组织及各个单项体育组织，商品和资本的全球流动导致交往也日趋全球化，这些都推进了体育文化全球化的进程。

20世纪60年代以后到21世纪的今天，是体育文化全球化快速发展阶段。在这一阶段，由于第三、第四次科技革命的影响，全球各种文化体在交往的速度、规模、数量等方面都有了质的飞跃。主要特征表现在：随着各殖民地民族国家的独立和现代化道路的选择，现代文化进一步在全球普遍地确立起来，奥林匹壳运动开始兴盛。60年代以后，由于自由市场经济消费工业的发展和扩展，消费主义生活方式和大众文化在全球扩展，激发了全球主义者的出现和全球普遍价值、普世伦理等观念的提出。全球性组织、制度等大量出现，网络普及，实现了文化的零距离传播。这些因素促使体育文化在这样的大背景下得以向全球蔓延，形成全球化之势。

全球体育文化的传播特征包括：

第一，时代性。首先它的产生具有特殊的时代背景，当全球文化进入普遍交往的"世界历史"时代以来，体育文化伴随着扩展开来。由于大工业生产方式的迅速扩展，民族之间的文化藩篱被突破，才展现出了体育文化发展新的前景——奥林匹克文化。

第二，整体性。全球体育文化虽然首先是指全球各个地域的体育文化，但是它强调的不是各个地域分割开来的体育文化，而是指彼此相互联系在一起的体育文化。全球体育文化的整体性还强调，全球体育文化绝对不是某一种体育文化的垄断，也不是指世界上主要的体育文化，而是包括一切体育文化的整合体。奥林匹克运动广泛地吸收东方体育文化的项目和理念，诸如日本的柔道、韩国的跆拳道、娱乐体育的花样滑雪等项目纷纷加入到奥林匹克运动会。也就是说，全球体育文化是多种体育文化的复合体，是多样化基础上的一体化。

第三，民族性。体育文化不能脱离本地域、本民族文化而独立存在，它本身并不是凌驾于各民族文化之上单独的一种文化形态，而是寓于各个民族文化之中，它的形成得益于各民族文化交流，在交流的过程中必然带来民族体育文化的融合，正是这种交流与融合，才给全球体育文化的形成带来生机和活力。

第四，非同质性。全球体育文化绝非指体育文化的一体化、均一化。，在知识经济时代人们之间交往的高度一致化，将不可避免地要导致实用性体育文化的全球化，即导致实用性体育文化层面上各民族体育文化汇合成一种普遍的全球性体育文化；而在理想性层面上，各民族体育文化则可能通过"返本创新"而保留下来，形成一种诸多色彩各异的体育文化理想缤纷杂陈、争奇斗艳的亮丽景观。所以，全球体育文化绝对不是各民族国家在体育文化上的同质性，而是指在相对独立的各民族、各国家体育文化基础上，在全球的世界交往中通过各种不同类型的体育文化之间的涵化与互动而形成的人类共同体育文化。

二、体育文化全球化的理论对弈

当今世界文化的同质化与异质化是文化全球化的核心问题，在世界体育文化的传播与发展过程中也同样存在同质化与差异化的问题。在看待全球体育文化的表现形式是同质化还是异质化的观点上存在着：：种不同的观点：一元论、多元论、一元与多元并存。

（一）一元论，又可称作普遍主义的全球体育文化

我们认为全球化已成为现代社会发展的必然趋势与结果，从文化的角度来看，必然会出现以某一价值观念或社会意识为指导的一种全球性文化，而这个过程就是文化的同质化、一元化、一致化甚至是西方化或美国化。持这种观点的代表人物是福山。福山在《历史的终结》一书中提出了"历史终结论"，他认为，只有西方文化价值观念才是全球普遍有效的文化，只有西方文化才是未来的主导。另外有些学者把全球化过程看作是西方文化或美国文化在全球的扩散。认为文化全球化其实是西方或美国文化意识形态、文化价值观念、消费主义文化在全球范围的强势推行，最终将吞噬非西方文化，形成单一的文化模式。

在世界体育文化传播的过程中，一元化的现象也普遍盛行。这就需要各个国家、地区在保持和发展本国民族体育文化的过程中，防止追逐一元化、统一化、标准化的奥林匹克化运动及其项目发展而丧失自己的民族特色。奥林匹克运动，尤其是奥运会是一个以现代工业文明和现代科学为基础，以西方现代体育项目为主体内容，以规则化竞技为主要判断标准，以运动会为表现形式的体育发展模式。一般来说，它难以接受那些具有浓郁民族特色、地域特色、非范化的民族传统体育项目。一元化、统一化、标准化排斥文化的多样性而追求文化的同一性。因此，民族传统体育在面对奥运会一元统一化、标准化时必须面对一种两难选择：要么放弃自身的文化特性，走进奥运会；要么坚守自己的文化特色，只寻求本民族的文化认同。民族传统体育要想进入奥运会就必须符合奥运会标准。但是，失去

民族特色的民族传统体育将不再具有自己的文化内涵，因而也就可能失去民族文化的优势。体育文化，包括体育项目在一个国家或民族地区是否能够流行，能否得到民族的认同，能否可持续传承并不一定以在奥运会上的表现为标志，而是要看它的广泛性和深入民众生活的程度，看它是否能够成为这个民族的文化传统和标识，即具有这个民族的文化特征。文化的多样性才能构成世界文化的丰富性。一个民族，尤其是一个具有丰富文化遗产和传统的民族，保持和发展自己独特的体育文化传统在当今世界尤为重要。

（二）多元论，又可称作多种体育文化和平共存

多元论认为全球化并没有形成同质化的文化，没有消除各民族文化的特殊性，全球文化是多样化共存的。多元论从全球文化共存方式不同的角度，又可分为温和论与极端论。前者认为全球文化将是多种文化和平共存的局面，在全球化过程中互相交流、相互融合。全球化提供了各民族文化展示的舞台，文化的交流是互相学习的过程，而不是一文化要吞噬另一文化的同质化过程，全球文化将是一个共同繁荣的多样化景观。多元极端论者试图改变温和论浪漫的观点，更强调全球文化相互竞争的事实。强调的多样性是文化与文明互相冲突与摩擦的多样性，认为全球化带来的更多的是不同文化之间的异质化倾向，而不是各种文化的和谐共融。

反映在世界体育文化的多元性方面的普遍共识是世界各国各地区体育文化和平共存的局面，这些民族体育有自己的生存发展的地域和存在方式。

各国各地区体育文化的个性保持与弘扬，既可以体现在现存的体育文化发展模式中，也可以在学习、借鉴的基础上另辟蹊径，如同美国人输出 NBA 职业篮球运作模式一样。中国具有五千年的悠久历史文明，其中蕴含着巨大的文化创造潜力。

中国人在民族体育文化世界性展示活动的举行方式、展示规则、组织形式、内容等方面也应该尝试有所发明，有所创造。近年来，中国人曾尝试推动武术搏击大会的举办，不失为一种努力。假如中国举办一个世界性的与奥运会举办方式完全不同的各个国家的民族体育展示大会，也是一种对世界体育多元发展的贡献。在当今影响巨大且已被充分标准化、规范化了的奥运会的体育发展模式下，拓展未来民族体育文化发展的眼光，将世界上许多国家保持的大量的民族体育活动开发和推展出来，达到多种体育文化形式共存共荣的局面。

（三）一元与多元并存的世界体育文化

一元与多元并存论认为全球文化的同质化与异质化是相互交织、互相演进的过程。全球化的过程既不是一元论强调的统一性、同质性，也不是多元论认为的多样性、异质性。全球化是一个深刻分化并充满激烈斗争的过程。全球化的不均衡性使得它远不像整个星球都体会到的那样是一个日趋一致的过程。

文化体系是多极的文化载体，其基础是民族文化和由民族文化构成的世界文化。显然，这里更重要的是民族文化，没有民族文化，世界文化也就无从谈起。民族属于一定历史的

范畴，每个民族都有自己基于历史与现实的认识和选择，这一切只有融合在民族性之中，即深深地扎根于民族的文化之中，成为民族文化的重要组成部分，才能真正地获得生命。每一种民族文化都有其不可替代的、有别于其他民族文化的特殊性和独创性。这些特殊性和独创性既表现在语言、文学、音乐、绘画、戏剧、宗教、习俗等观念形态的精神生活中，也表现在诸如各类经济生产的物质生活中，特别是表现在生产方式、生活方式、思维方式和情感方式中。民族文化具有传承民族精神、民族历史记忆的功能，这使得民族文化的血脉奔流不息、世代相传。如果民族文化失去了这样的功能，使自己失去了"认同与标识"，而在"全球化"或是其他什么冠冕堂皇的口号下"化"到其他的文化中，那就不仅仅是这个民族文化的衰亡或民族文化意识、文化心理的衰落，而且这个民族整体也必将走向衰亡。因为任何一个民族赖以生存的文化传统，都是这个民族的灵魂，当一个民族失去了自己的生活方式、价值体系、传统、信仰以及基本的人权观念，那这个民族的灵魂也就失去了，其生命就将枯萎，作为一个独立的民族，自然也就不存在了。所以，文化全球化是逐渐尊重差异化的过程。反映在世界体育文化的一元与多元性方面，当今世界文化发展的主流方向就是文化的多元一体化，也就是孔子几千年前提出的"和而不同"的趋势。民族体育文化存在于一定的民族、地域文化之中，经过漫长的历史积淀，形成了自身独特的表现形态和发展模式。中国的太极、八卦和五禽戏，印度的瑜伽，朝鲜的跆拳道，日本的相扑，蒙古的摔跤，英国的网球，英格兰的高尔夫球，美国的篮球，德国、瑞典的体操，等等，正是这些富有鲜明民族特征的体育运动展示了世界体育的无穷魅力。全球化超越了地域和国界，使不同地域的、民族的传统体育以其独特的个性，进行多元融合，相互吸纳，补充发展为一种新的世界体育文化模式。伴随着经济全球化，体育全球化也悄然而至，而且随着现代社会的发展正在以迅猛的势头在世界范围内大力推进，其速度之快、范围之广、影响之大令世人瞩目。三、体育文化全球化是趋同到差异内涵丰富的过程

马克思指出资本的本性，透视了马克思关于全球文化未来的展望。"资产阶级由于开拓了世界市场，使一切国家的生产和消费都成为世界性的了"，不仅如此，"过去那种地方的和民族的自给自足和闭关自守状态，被各民族的各方面的互相依赖所代替了。""物质的生产是如此，精神的生产也是如此。各民族的精神产品成了公共的财产。民族的片面性和局限性日益成为不可能，于是由许多民族的和地方的文学形成了一种世界的文学。"体育文化的产生经历了地域体育文化阶段、突破地域限制体育文化阶段、世界体育文化阶段的发展过程，并且这个过程也是破与立、冲突与融合并存的过程，各民族的体育文化最终将交融形成一种人类共有的财富和资源。

不同文化间的张力是存在的一种现实。由于文化的差异，人们的心理诉求、政治经济上的不平衡发展，利益的追逐，生产力、交往的日益发展，文化成为新的发展时期的焦点。

随着世界历史的发展，人们交往的扩大、视野的拓宽，面临越来越多的共同问题和利益。文化的融合是一种可能性的存在。人们的视野扩大不再仅仅局限于自己的民族、自己的体育文化，在继承传统体育文化的同时，也积极地借鉴外国有益的成果；在追求自身发

展的同时，也以追求全人类的利益为己任。

未来多元文化发展的主流和趋势应当是多种体育文化交融。全球文化总的趋向，还是在冲突中走向融合，这样可以取长补短、互存共荣、圆润通达，和而不同。多样中孕育着统一，统一中体现着多样。所以，全球体育文化的未来是由冲突走向融合的无限过程，即体育文化全球化是趋同到差异内涵丰富的过程。

第二节　全球化趋势下体育文化的强势与弱势

一、民族体育文化的弱化倾向

在经济全球化的趋势下占据世界主流和中心地位的西方价值观念的体育文化，一步步占领了世界体坛的主宰地位，无论是体育的形式、内容，还是体育的意识，都深深地打上了西方价值观念的烙印。从这个角度看，体育全球化在某种程度上就意味着进一步的西方价值观念化。而且，这一冲击在未来并无减弱之势。尽管随着时代的发展，其他地区、国家也逐渐在各个领域或多或少地参与到国际体育中来，这些地区、国家民族体育也在逐渐融人现代体育发展的主流中，成为世界广泛接受的体育运动。但大多数情况下，如东方国家，民族体育往往处于用来映衬西方体育的尴尬地位。

体育作为一种文化载体，在西方体育向全球扩展的时候不可避免地成为西方"输出"其文化价值观念的重要组成部分。起源于西方的现代体育已经形成了一种标准的运作模式，奥运会、世界杯等一些影响极大的体育赛事成了世界各国人民的共同期待。世界各地区、各国、各大都市的每届奥运会主办城市之争，其激烈程度已远远超过了人们的想象。为了在竞技场上争得一席之地，通过比赛提升国家、民族的影响力，极力地迎合这些赛事的需要而趋之若鹜，各国体育极"自然"地被纳入到西方体育的轨道之中。

在西方体育观中，竞技场上的佼佼者被视作偶像，被人们颂之为英雄。竞技的结果、成绩、名次直接影响到做人的价值以及本身的尊严，西方现代体育提倡竞争，提倡超越对手，超越自然障碍，其活动是在相互较量、相互比较的过程中完成的，这一点与东方人或世界上一些其他民族的体育精神是不同的。东方民族更多的是强调体育对于身心的愉悦性、审美性、娱乐性，而忽视单纯的竞技性。

在中国传统文化中，传统伦理道德所体现的与自然、与人和社会和谐共处的思想以及重人格的观念，形成了中国人独特的体育价值观。尤其是中国少数民族传统体育活动，更有着自身丰富的独特精神，譬如其自娱性、审美性、共同参与性，"胜固可喜，败亦无忧"，把胜负看成是对人生的一种体验，一种磨砺，是对人格完善的一种促进。这是一种极其人本精神的文化传统。然而，这些传统在西方体育文化价值观的冲击下，已受到现代人的漠视。体育全球化，在西方价值观念体育占优势地位的同时，会加速民族体育文化的自然弱化，有可能导致民族体育文化的西化。

二、世界体育文化与民族体育文化——强势与非主流

首先，现代体育的全球化表现为奥林匹克文化的全球化，但这种全球化的内涵不只限于奥林匹克文化本身，它必然以自身文化发展的特殊方式渗透到社会的各个领域，随着它与人们现实生活结合得越来越紧密，突出地体现出深刻、复杂的综合文化内涵。奥林匹克文化全球化发展模式和体系的建立，实现了世界范围内所共同认可并遵守的体育文化生存规则。其次，现代体育文化的全球化表现为多元优秀体育文化的全球化。这个过程的实质就是把不同民族体育文化放置于一个广阔的世界平台上，在世界体育文化生态系统中形成多元规范，包含大量民族体育精神内涵、现代文化的发展理念和多元价值标准，这实际上就是表征为以多元的发展体制或形式存在的体育文化体系。最后，实现世界体育文化动态系统的多元化生存，形成一种富有广泛内涵、充满生机与活力的世界体育文化舞台。可以说体育全球化就是将多元体育文化回归，使多元优秀的体育文化在这一背景中实现不同层面的契合，从而满足人们对体育文化的多样追求。因此，今天体育文化全球化在很大程度上表现为奥林匹克文化的全球化。

那种实现不同优秀体育文化多元化的世界体育文化生态体系模式还处于相对弱势的地位。这其中主要原因是奥林匹克文化的经济一体化、科技一体化逐渐迎合了时代发展的主旋律，使不同的人群都能够从中获得最大的收获。如今，以奥林匹克为代表的西方体育文化已成为世界上受众最多、影响最大的一种文化现象。它所具备的古老内涵以及所具备的现代"更快、更高、更强"的内涵都是给予人们奋进、进取的动力来源。但随着文化全球化的深入以及多元传统体育的文化结构转型和重建，一种契合未来时代精神和民族精神的世界体育文化生态体系必然会具备深刻的发展品质，成为未来体育文化发展的唯一方向。在体育文化全球化的背景下，以奥林匹克为代表的西方体育文化必然对民族体育文化产生巨大冲击，民族体育文化如何发展是我们面临的一个重要问题。

全球化时代的世界范围内的文化整合与此前人类各个历史阶段中不同范围的文化交流或文化融合有着本质不同，它不是一种带有偏好的选择，也不是武力征服中的无奈接受，而是一种在全球范围内不可抗拒的历史潮流，是人类的一些基本的文化精神和价值层面上造成一种越来越有力的共同性和认同感。奥林匹克"更快、更高、更强"，进取精神和大众体育健康身心的宗旨，已成为体育文化的价值核心，即主流体育文化。它一方面成为经济全球化以及国际交往中体育文化发展的客观要求，另一方面则越来越成为各个民族和人们的自觉的和主动的价值选择。因此，民族体育文化是在世界体育文化的时代背景下的发展，在文化的冲突和融合中，民族体育文化作为非主流文化，其在各个层面上必然会受到影响。民族体育文化如何找准生存点和生长点，处理好民族文化与世界文化的关系是目前

面临的主要问题。

三、坚持多样化共存的我国民族体育文化

（一）我国民族体育文化的传统、民族和地域特性

中国的民族体育文化经过几千年的孕育、融合、创新与发展，已经形成了自己的文化特质与传承方式，并得到了中华民族的普遍认同。它们不是依靠竞技性而赢得大众的接纳与应用，而是依靠它本身具有的积极的哲学价值、生活价值、健身价值和娱乐（自娱）价值以及在此基础上形成的文化凝聚力。太极拳、导引养生、少林武术、武当武术等在国际上的广泛传播足以说明这个问题。

追溯中国民族体育文化五千年的悠久历史文明，其中蕴含着巨大的文化创造潜力，具有民族文化的融合性以及本民族群体的文化认同性。从操作层面讲，它是中国群众体育活动的重要内容和方式，其显著特征表现为地域性、民族性和传统性。

1. 地域性

地域性是指各民族体育的形成和发展过程中，由于生活地理位置的不同，所处的自然环境的差别，所熏陶和培育出的民族性格和民族气质迥然各异，其道德观念、宗教信仰、风土人情、节庆仪式以及服饰饮食等也是各不相同的。民族体育文化的生命源自其特殊性。不同地域的民族为适应自己的特殊的环境，通过带有自己民族特点的实践方式和认知方式，创造出了各具特色的传统体育，进而形成了各民族的传统体育文化。许多民族传统体育活动都是在一定的自然—人文环境下孕育产生的。俗话说"十里不同风，百里不同俗"、"一方水土养一方人"，说的就是地域文化对当地人民的民俗文化生活起着十分重要的作用。民族体育作为民族文化活动的重要组成部分也必然会受到当地自然环境和社会环境的影响，这些差异构成了民族体育鲜明的地域特征。关于这一点，在钟敬文先生主编的《民俗学概论》中也有提到："北方天高地阔，人们的生产简陋，生活朴野，在与大自然的严酷斗争中培养了尚武精神，因此，赛力竞技游戏发达，如摔跤、角力、驰逐、拖冰床等；南方山水环绕，气候温和，农业精耕细作，物质条件优于北方边地，人们性格柔和、灵巧，富于想象，长于智能游戏和技巧游戏，如猜谜、对联、斗茶、弈棋等。当然这种区分是概略性的，南北游戏交叉共生的也为数不少。除南北两大的地域差异外，还存在着山乡与水滨，高原与平野的区别，游戏娱乐因地制宜，如山乡的竹林竞技、水畔的水戏、高原的骑射、平原的登高等。"按照文化生态学的观点，文化形态首先是人类适应生态环境的结果，任何一个民族文化的形成不可能脱离人类在时空上所处的特定地理形态和自然环境的影响。也正是由于这样的原因才有了"南人善舟，北人善马"的说法。综上所述，自然环境在民族体育发展的初始阶段，可以说是起着决定性的作用，它体现出民族体育对地域环境的适应性和选择性。

2. 民族性

民族性是指民族体育的形成与发展过程中各民族社会生活的综合反映，是一个民族的群体品格，具有鲜明的民族特性。

体育作为一种文化现象是人类的共识，文化发展与文化交流具有其特殊性，即任何一种文化都是民族性与人类共同性的统一。在文化交流和文化整合过程中，文化首先是民族的、区域的，然后才是世界的、人类的。文化的民族特性越强，那么它所具有的世界性也就越强，越具有文化的价值和生命力，越可能走向世界。在全球化进程中，民族体育文化不仅不会丧失，反而会在与其他民族文化的交流与融合中得到锻炼和强化。

自古以来，我国民间游戏与竞技在产生后的流传演变过程中，因受不同民族的制约，使之保持了较为明显的特征。也正是由于民族传统体育具有独特的民族性，才使本民族人民在体育的实践活动中不断认知祖先所创造的历史文化，让人们产生强烈的民族自豪感，使民族传统体育成为培养民族认同感和民族精神的有效形式。民族性不仅是民族体育文化鲜明的形貌特征，也是它活动内容和精神底蕴的突出特征。许许多多民族传统体育都是经过几十年、几百年乃至上千年的传承，不断融进了其他民族体育民俗和文化因素。这从许多民族体育项目的形成与发展中可以看到不同民族生产、生活的影子。民族体育作为各民族人民生活的再现，它所表达的绝不仅仅是一项身体的运动，它所折射出的还包括各民族人民的思想感情，甚至是一个民族的文化标志。

3. 传统性

传统性指的是历史上存在过的，对今天存在或多或少影响的事物。民族体育文化在其漫长的发展历程中，经过了无数的变革，或摒弃多余，或丰富新内容，都始终保留着传统的、适合民族文化特色的特点，这也正是民族体育文化能够流传的原因之一。民族体育文化的传统性还表现出一种本体性。这种本体性受到其母体文化的规范，通常不会有大的偏离。也就是说，它的传统不可能偏离母体文化的走向。这也使它在历史演进中逐渐形成了自己的与其他文化不同的独特风格，或者说具有了自己的文化品格，也可称之为文化标签。

体育传统是一个民族的历史积淀，全球化趋势不可能消除各民族传统体育的差异，反而会在一定程度上强化和锻炼民族体育文化的传统性。一个民族的传统体育是该民族生命与民族精神的象征。相对于经济、政治的变化而言，民族体育文化具有较大的稳定性。因此，民族传统体育的发展存在着继承和连续的一面。

4. 多样性与适应性

中国是一个由 56 个民族组成的国家，各民族分布范围广，生活环境、习性、宗教信仰各不相同，且政治、经济、教育发展不平衡，导致了各民族传统体育在内容、形式上的多样性。由不同民族所创造的类别繁多的体育项目因其健身、娱乐等功能、作用的不同而又被不同民族借鉴，从而使得各民族的体育项目在其他的地区和民族中得到发展。中国民族体育文化多样性与适应性的特点是传统体育得以继承和持续发展的重要基础。

民族体育文化的传统性、民族性、地域性、多样性与适应性等特征，是民族体育文化独立发展的基础。不断将成熟的民族体育项目进行推广，实现民族体育向国际体育的过渡，是现代体育发展的趋势之一。

（二）民族体育文化的文化独立性

民族体育文化是一个国家文化的一部分，我们也可以将其称为一种文化标识。在当今世界竞争日益激烈的情况下，民族体育文化将会成为一个民族国家文化竞争力的一部分，它对于民族自信心的确立，对于民族性格的塑造，对于民族文化的进步与发展，对于民族文化资源的开发与利用等都具有不可估量的作用。

当今世界体育文化发展的主流方向同样存在着体育文化的多元一体化，也就是孔子几千年前提出的"和而不同"的趋势。民族传统体育存在于一定的民族、地域文化之中，经过漫长的历史积淀，形成了自身独特的表现形态和发展模式。不同国家的民族由于所处的地理环境、文化底蕴、民族性格的不同而导致民族传统体育具有不同的价值。在与西方民族体育文化交流和传播的过程中，两种不同的体育文化体系可以起到相互补充的作用。中国的太极、日本的剑道、印度的瑜伽、加拿大的冰球、德国、法国的体操等，正是这些反映不同文化特质的民族体育项目，给具有不同运动与文化需求的大众提供了广泛的选择空间。

多元化的共存超越了地域和国界，使不同地域的、民族的传统体育以其独特的个性，进行多元融合，相互吸纳，补充发展为一种新的世界民族体育文化模式。伴随着经济全球化，体育全球化也悄然而至，而且随着现代社会的发展正在以迅猛的势头在世界范围内大力推进，其速度之快、范围之广、影响之大令世人瞩目。民族体育文化的民族性与世界性是个性与共性的辩证统一，它们反映着世界各种体育文化的差异性与统一性的辩证关系，异中有同，同中存异，是对立的统一。

多元化共存的民族体育文化凸显了体育文化多元的价值和意义。丰富多彩的各民族传统体育不仅为西方体育提供了丰富的体育文化资源，而且避免了文化价值和发展模式的单一性倾向。民族体育文化的交流、传播不断充实和丰富着国际体育运动，国际体育运动的多元化共存又促进着民族体育的发展与提高。

在这里，民族传统体育需要预防仿照奥林匹克，进行统一化、标准化，而丧失自己的民族特色。奥林匹克运动项目是以西方现代体育项目为主体内容，以规则化竞技为主要判断标准，以运动会为表现形式的体育发展模式。

一般来说，统一化和标准化排斥那些具有浓郁民族特色、地域特色、、比较随意化的民族传统体育项目。统一化、标准化排斥文化的独立性而追求文化的同一性。因此，民族传统体育在思考进入世界舞台或者说是奥运会时必须面对一种两难选择：要么放弃自身的民族特性和文化特性，走进世界，走进奥运会；要么坚守自己的文化特色、民俗特色，只寻求本民族的文化认同。民族传统体育要想进入世界舞台、进入奥运会就必须符合现行的国际化标准。但是，失去民族特色的民族传统体育将不再具有自己的文化内涵，因而也就可能失去民族文化的优势，文化的独立性也将荡然无存。

所以说，民族体育项目在一个国家或民族地区是否能够流行，能否得到民族的认同，能否可持续传承并不一定以进入奥运会或者在奥运会上的表现为标志，而是要看它的广泛性和深入民众生活的程度，看它是否能够成为这个民族的文化传统和标识，即具有了这个民族独立的文化特征。

文化的特殊性才能构成世界文化的丰富性。一个民族，尤其是一个具有丰富文化遗产和传统的民族，保持和发展自己独特的体育文化传统在当今世界尤为重要。

第三节　全球化背景下民族体育文化发展的理念

一、树立民族体育文化的平等观和创新观

受西方理性主义思潮的影响，西方竞技体育强调竞争，突出个性，追求成功，因而比较富有"竞争性"和"外向性"。而中华民族传统体育受中华文化儒、释、道人文文化的影响，追求身心合一，修身养性，动静结合，崇尚"和合"精神，具有"调和"和"内向性"特征。所以，中西体育文化间的文化理念碰撞是体育文化发展的规律。

文化碰撞的原因在于：首先，一个民族的文化是人们在长期的历史过程中产生和积累起来的，它是每个民族本质属性的表征，是民族存在及其历史的证明。民族与其文化具有同一性，民族就是它的文化的内在根据，文化就是民族的外在表现。也就是说，民族创造了自己的文化，而它所创造的文化也诠释了这个民族。文化的消亡也就是这个民族的衰落。其次，每个民族基于自身和在实践中获得的认识，形成了统一的人性、统一的价值标准和价值的实现方式。这些民族在长期的历史实践中信奉着、实践着自己的价值观念。但是，随着文化交往的频繁，外来的文化冲击着本民族的文化及其文化价值观，本民族、本地域为了维护自己的文化，为了捍卫自己的民族，为了不至于在世界历史中丧失自己的民族特性，就会自觉抵制外来的文化，所以就会产生文化之间的碰撞。

再次，在全球化发展的今天，全球化产生的区域化逻辑刺激着各个国家采取相应的措施，以强化本民族文化的身份认同。包括加拿大、法国在内的发达国家都纷纷采取措施以保护自己的民族文化。汤林森就明确提出，全球化导致一种新的欲求，即渴望认同与差异，从而最终会催生新民族国家与民族的需求。于是，地域文化乃至民族主义在今天不仅没有削弱反而愈发抬头，甚至导致民族、地域之间的冲突愈演愈烈。

当今世界西方体育文化通过各种方式潜移默化地强调自己是先进的体育文化，代表世界体育文化的未来方向。而西方所主张的体育文化多样性，就是自己仍然保持对世界体育

文化的主导地位,而各国各地区的民族体育文化则应自觉地服从西方主流体育文化的领导,在西方体育文化理念指导下,通过标准化、统一化的改造,逐渐融入西方体育主体的世界体育运动。这种观念是西方体育文化对本身先进性的盲目自信所得出的结论。当然,这种观念对民族体育文化本身的反思是深刻的,只有一种具有自我反思能力的体育文化,才能保持鲜活的生命力,才能在其发展过程中及时纠正自身的缺点和错误,取得更加持久的发展动力。民族体育文化面临体育文化多样性和先进性的双重考验,它既要保持自己的特色,又必须把赶上时代发展作为自己体育文化发展的重任。

在当今世界,各民族都在文化保护状态中吸纳与融合世界先进体育文化的成果,通过文化整合与创新,创建富有时代气息的民族体育文化,树立民族体育文化的平等观念。我们要以世界体育文化的发展趋势为背景,对民族体育文化加以理性思考,在保持个性风格完整的前提下追求世界文化的最高形式,形成"和而不同"的文化繁荣态势。

二、多样性和差异性是民族体育文化互补发展的规律

文化的多样性首先表现为文化的民族性。世界上的任何文化,都是民族的文化,文化的民族性指的是不同国家、不同地域、不同气候条件,因不同的生存空间和地理环境所形成的独特的文化传统和习惯。多姿多彩的各民族文化组成了世界文化大家庭,世界文化因各民族文化的存在而丰富多彩。民族体育文化多样性的表现形态,是与民族和社会的生存状态联系在一起的。民族的存在方式具有多样性,这就决定了民族体育文化发展多样性的客观必然。不同的种族、不同的人群、不同的肤色之间,都存在差异性,这种差异性也会通过民族体育文化的多样性表现出来,再加上人类社会历史发展的长期积累和传承,以及地域环境等方面的因素的相互作用,其多样的形态就更加复杂,与人的存在相关联的体育文化特质自然也随之表现出相应的多样性和差异性。

文化的差异性是人类生存的文化生态,不同的国家和民族有着不同的文化传统和习惯,文化具有异质性。文化是人在一定的空间和时间下创造的,它受气候、地理、资源等客观条件的影响,不同的民族生活的自然空间和历史时间不同,这种实践环境的不同赋予了不同民族文化的差异性,不同的民族在长期的社会实践中形成了独具本民族特色的生活和思维方式,也创造了自己的语言、风俗习惯、伦理道德等精神文化。这些精神文化的不断传承和发展,构成了民族的文化体系,不同民族的文化体系具有不可替代的个性。一个民族如果丧失了自己的文化特质,这个民族也就丧失了生命力,它也不是原来那个独立的民族。因而,民族体育文化自诞生之日起便具有自己民族的个性特点。民族体育文化以其自身特殊的个性和其他民族体育文化在相互竞争中表现出自己的优势,并得以保存和发展。

民族体育文化在与异质文化的交流、碰撞过程中,其单一性、局限性会日益凸现出来,这时就必须开拓自己的文化视野。每一种民族文化在历史发展过程中,没有一种是封闭的、隔离的、不相往来的,都是一方面通过自身的创新变革文化,另一方面还不断地吸收外来

的文化。因此，每一种民族文化，都是多种文化的混合物，一方面是本民族所固有的，另一方面是外来的。我们要把先进的民族体育文化和先进的世界体育文化结合起来，既要保持自己的民族文化传统，发掘传统文化的现代价值和世界意义，同时也要学习、借鉴外来文化。

世界文化发展史证明，文化多样性和差异性是互补的前提，文化多样性是人类社会的基本特征，也是人类文化发展进步的动力。越是异性、异质的文化，互补性也就越强，越有可能从对方吸收有价值的内容。任何一种体育文化在历史发展长河中，并不是自我封闭，而是在相互交流中保护自己的特色，在竞争和比较中取长补短，在求同存异中共同发展。每一种体育文化都有其长处和不足，如果某种体育文化完全相同或相似，就不可能取长补短，不可能吸收新的文化因素，这种体育文化也就没有活力。一种文化没有活力，就会停滞不前，就会衰落。我们应继承并弘扬民族体育文化的优秀特质，主动学习、借鉴他国人民创造的有益体育文化成果。国际奥委会也一直在强调：奥林匹克运动主张普遍性但不是标准划一的现代化或文化上的单一化，更不是欧洲化或西方化，而是多元的和多文化影响下的多样性。奥林匹克运动的这一发展取向，正昭示着世界体育全球化发展的多样化趋势，同时反映(十)世界各种体育文化的多样性和差异性与统一性的辩证观。

三、创新与保守是民族体育文化复兴的途径

复兴民族体育文化，是当代民族体育发展的重要使命，既要在世界体育舞台上展示我国体育运动的优异成绩，又要在体育文化上保持自己的独特性，力争使中国民族体育文化进入到世界体育文化主流领域与西方体育文化并行发展。在这里"保守"与"创新"是一对结构，它们是相辅相成的互依关系，保守的目的是使民族体育文化更加稳定和巩固，创新的目的是使体育文化更加进步；保守是尊重传统、尊重历史、尊重祖先的智慧。传统经历了时间的考验，给人以安全和实在感。而创新则存在未知的变数，"创新"是"动"，"保守"是"静"，纵观历史，没有传统作为依托，任何创新都难成功。因此，传统是创新的基础，是创新成功的保障，保守是维护传统所达到的最新境界，而创新则把传统看作是未来的开端。民族体育文化"创新"之前必须有一个保守的阶段，保护和发展。民族体育文化"创新"之后也必须加以"保守"使其稳定并完善。保守传统就是为未来创新打下更好的基础，而创新则是为新的保守准备前提和条件。国际经济合作发展组织（OECD）在其 1996 年的年度报告中指出："创新是由不同参与者和机构的共同体大量互动的结果，把这些看成一个整体就称作国家创新系统。"在 21 世纪，发展和传承民族体育文化，使其为社会服务，是世界体育创新最典型特征。

第六章 民族体育文化的传承与发展

第一节 民族体育文化的传承现状

一、民族传统体育文化的传承性

文化传承"一词在学术界出现已久，从 19 世纪中叶开始，就有学者对文化传承问题进行过深入地研究和探讨。但是，很少有人能指出文化传承的内涵和本质，因而，也就没有人能对"文化传承"进行准确的概念界定。不过，通过语言的角度来说，"传承"不是古语，而是新词，意为"传授和继承"。

有关"文化传承"的著述现在已不少见，学者赵世林对文化传承的理解较为广义，被大家所认可。人类的存在和发展靠的是文化的传承。文化是人创造的，同时人又是文化的结果。人在继承前人创造的文化的同时，也在不断创造新的文化，而新的文化又丰富了人类的文化成果。文化传承是一种文化的生产，它是社会中权利和义务的传递，更是民族共识的深层次积累。人不仅具有生物学意义，更具有社会学意义。从一定程度上来说，人类的生存和发展如果仅仅依赖纯粹知识的复制和创造那是远远不够的，还必须要进行道德、人格、情操和审美等文化精神的传承。民族传统体育文化保留了许多民族传统文化中的特色和精粹，它作为一个民族物质与精神文化的纽带，从根本上符合民族精神文化的内在发展需求，这也是民族传统体育文化得以持续发展的内在基础和保障。

二、民族传统体育文化传承的必要性

民族传统体育文化是我国传统文化的重要组成部分，它博大精深、特色鲜明、丰富多彩，对发展民族文化、弘扬民族精神、推进社会和谐稳定都具有非常重要的意义。近年来，随着经济的发展、现代化和全球化浪潮的影响，民族传统体育文化的传播和发展受到了一定的冲击，民族传统体育文化的发展现状令人担忧，特别是少数民族传统体育文化。许多传统体育项目正面临灭亡的危险，如何更好地传承民族传统体育文化，使其能得以生存并能持续发展，是我们现在迫切需要解决的问题。

（一）民族传统体育文化发展和传承的需要

一个国家的民族传统体育就如一个国家的名片一般，通过传统体育有机地结合传统文化，不断向国际范围内传播，可以充分地展现一个国家的形象。因而，各个国家都非常重视自己民族体育的建设，中国亦是如此。

我国民族传统体育具有悠久的历史，它是民族文化的一个重要组成部分，在长期的历史发展中，形成了内容丰富、形式多样的民族传统体育项目。

（二）保护民族非物质文化遗产的需要

近年来，国家高度重视对民族传统文化的保护工作，相继出台了一系列保护非物质文化遗产的措施，将许多民族传统文化和传统技艺相继列入国家非物质文化遗产保护名录中。

随着时代的变迁和历史的发展，我国传统文化面临着外来文化的不断冲击，民族同化速度逐渐加快，许多传统文化赖以生存的文化生态环境急剧改变，其生存和发展已举步维艰。而作为民族传统文化一部分的民族传统体育文化正面临消失的危险。民族传统体育文化反映了一个民族的历史发展和文化底蕴，一旦灭亡，损失将无法弥补。因此，进行民族传统体育文化的保护和传承是我们每个人应尽的职责和义务。

三、民族传统体育文化传承的意义

进入新世纪以来，世界经济呈现全球化趋势，加上市场运作的自由化和信息传播的数字化，这些都给我国传统文化的发展提供了良好的机遇，但同时也带来了严峻的挑战，机遇与发展并存，这就迫使我们民族传统体育文化的发展要做好科学的定位。

我国民族传统体育文化呈现出一种非常复杂的文化现象，它在民间呈现出不同的形态：包括传统体育系统（如武术、气功、太极等）、现代竞技体育系统（以奥林匹克为核心的运动）和"大众"体育系统。但经过长期的融合和交流，民族传统体育和竞技体育之间人文学科内涵及其外延有了高度的统一。时至今日，民族传统体育已成为中华民族现代体育格局中的一个重要组成部分，它为中华体育和文化的持续发展做出了更大的贡献。

四、民族传统体育文化传承的方式

（一）生活方式

民族传统体育文化的传承方式和途径有多种，按其生活方式形式的不同，可分为物质生活方式与精神生活方式两种。

一个民族传统体育活动的生活方式，是本民族长期以来自然形成的，它并具有较大稳定性，是本民族人们共同遵守的一种生活文化习性。它被一代代地传承和发展下来，代表着一个民族特有的文化内涵与丰厚的文化底蕴，同时也负载有许多独特的文化观念。这种生活方式中包含民族物质文化与精神文化，具有较大的稳定性但也会与时俱进，并促进体育文化传统的进化。

（三）宗教信仰

从某种程度上来讲，宗教发展是民族传统体育文化的一种传承方式。因为，宗教发展中不仅记载了人类体育文化发展的历史，同时还对民族传统体育文化的发展和传承具有不可估量的作用。

宗教的文化传承作用不可估量，主要表现为以下几方面。

第一，作为人类社会发展的一部百科全书，宗教对传承文化、发展文化有着积极的推动作用。这在原始宗教的内容上得到充分的体现。据有的学者论述："原始宗教内容包含广泛，不仅包含大的方面内容，如原始天文历法、原始风俗民情、原始神话、原始哲学等，还包含意识形态和精神物质等内容"。

第二，民族的文化价值观念在宗教信仰中得到充分的体现。如果一个民族没有了宗教，那么就失去了传播传统体育文化的途径，其传统体育文化也就失去了存在的社会意义。

第三，宗教的文化传承最突出的作用就是其所具有的文化聚合作用。

（三）节庆习俗

通过翻阅历史相关文献及调查古今中外各民族书籍，特别是少数民族节庆活动记载，我们不难发现，从类型上看，节庆习俗主要可分为五种不同的类型：（1）原始崇拜类；（2）宗教祭祖类；（3）农事集贸类；（4）情爱交游类；（5）娱乐狂欢类。除此之外，我们还发现节庆活动中的传统体育文化功能还是相当奇特的。

节庆活动是民族传统体育文化中不可缺少的重要内容，例如，汉族的中秋节、傣族的泼水节等，这些节日虽然每年只举行一次，但其文化功能是不可低估的，它对传统体育文化的传承起着一种推动作用。

（四）语言与文学艺术

语言是思维的载体，它是一种文化符号，它促进着民族传统体育文化的弘扬，与民族传统体育文化具有十分密切的关系。有非常多的学者从不同的角度论述了语言与民族文化之间的关系，直到现在语言与民族文化的关系仍然存在异议，没有个统一的观点，但有一点是值得肯定的，那就是当人类还处在有语言而无文字的时候，语言对民族传统体育文化的传承的重要性是不可估量的。除了语言外，文学艺术也对民族文化及民族传统体育文化的传承起着非常巨大的作用，同时随着社会的进步和时代的发展，它还衍生出引导和重塑的作用。

（五）家庭教育

顾名思义，家庭教育的主要内容是父母对子女所进行的一系列教育行为的总称，家庭教育更是个人教育当中不可或缺的组成部分。无论是在怎样的文化氛围当中，家庭以及家庭当中父母对于子女的各种教育指导都是保障子女健康成长，接受良好民族文化熏陶能够起到助推的作用。在家庭教育当中，父母会采用多种多样的形式来教育子女，充分承担起教育责任，使得子女能够要适应社会，提高社会适应能力，恰当的解决现实生活中的各种问题。可以说家庭教育承担着教育传承的责任，更是其中不可缺少的组成，需要发挥在民族传统体育文化传承当中的重要作用。究其原因，可从以下四个方面进行探讨。

第一，家庭教育是子女教育生涯当中处在基础地位并且发挥着基石作用的教育内容，从孩子降生到家庭当中开始就有着来自于家庭的多方面教育以及潜移默化的影响，换句话说，家庭已经成为进行文化传承的基础平台，那么家庭教育在我国传统文化传承过程中的作用也就更加明显，那就是文化传承的重要开端，是否能够打好基础也就是能否拥有一个好的开头将会直接影响到文化的传承程度。

第二，将家庭教育作为重要途径来进行传统文化传播和发扬是所有家庭应该担当起的义务和责任，而且这样的行为已经上升到国家高度，对于我国优秀文化的传承和发展来说至关重要，也是我国教育发展当中必须要做好的任务。我国在教育法当中已经明确地指出教育要发挥出最大的效能，能够在教育活动当中对我国独有的文化进行传承发扬，并将优秀文化成果进行充分的吸收和应用，增强我国文化价值。我们都知道，文化要想获得传播需要借助教育活动，这样才能够通过教育将文化传播到群体和个体当中。家庭教育可以说是教育载体，无论是从法律层面出发，还是考虑到学生综合发展的要求，都必须要通过家庭教育来传承文化。

第三，家庭教育之所以能够发挥出传承文化的作用，这与家庭教育自身优势有着不可分割的关系。家庭对于学生为人处世、生活习惯、价值观等都有着巨大的影响力，虽然这些影响往往是潜移默化的，但仍是这样的影响力量却能够改变一个人的发展，而且家庭教育能够真正将优秀的民族传统文化融合到具体的生活事件当中。在个家庭当中，拥有良好的传统优秀文化氛围的熏陶能够更好地鼓励子女积极参与到民族体育活动当中，那么文化传承的目标才能够最终实现。家庭教育存在于一种非常自然的状态当中，在这样的环境下展开教育对于学生品格素质的培养以及文化的熏陶也能够自然地实现，并且有着其他类型教育无可比拟的优势。另外，家庭教育可以称之为终身教育，伴随个人的一生，那么对于传统文化的熏陶和影响也是终身的。

第四，家庭教育的历史性。如果就家庭教育的历史进行分析的话，可以追溯到家庭的起源，换句话说就是家庭教育伴随着家庭的产生而产生。和家庭教育紧密相关的历史典故更是数不胜数，例如我们能够从孟母三迁的故事当中看到孟母对于孟子的家庭教育；可以从岳母刺字当中看到岳母对于岳飞的爱国教育。在家庭教育环节，父母可以从中获得良好借鉴，并且充分承担起传承文化的责任，他们可以以自已对于本民族文化的理解以及自己的生活经历而积淀形成的人格素质，在有意识和无意识之中，真正用言传身教的方式来让子女提高对我国传统文化的认知，并对我国的民族文化产生最大的认同感，对文化传承产生使命感。

（六）学校教育

学校教育在民族传统体育文化传承和发扬方面有着举足轻重的作用，而且这任务的实现需要学校教育作为根本保障，这是由于学校教育是展开各项教育活动的主渠道。与家庭教育和社会教育相比，学校教育可以让受教育者获得系统的理论知识体系的学习，更好地进行有目标、有意识的系统化、科学化的学习。

通过学校教育培养的学生不仅要能够积极踊跃地参与到民族传统体育活动中，还需要能够成为体育文化的传播者，并且在学校教育当中强化学生的文化传播意识提高学生的综合素养。传承我国民族传统体育文化有不同的方式，其中一个方式是积极参与到民族体育文化活动当中，并且能够在活动当中投入热忱，体现出对活动的支持和配合。另一种方式是专业化传承，也就是真正投入到民族传统体育文化的研究当中，并将其作为职责内容和责任范围。在学校教育当中，应该将民族体育文化纳入到教学内容当中，成为学生日常学习到的课程，这样能够让文化传承更加系统化和科学化，同时还能够激发学生的历史使命感和责任感，鼓励学生用规范化的方法来传承和发展体育文化。为了更好地对我国的传统民族传统体育文化进行发扬，强化学校教育的实施效果，可以从以下两个方面着手。

第一，积极推进校园民族文化建设。校园民族文化建设可以说是学校教育当中特殊的一项工作内容，也是促进文化传承的隐性渠道，能够发挥潜移默化的影响作用。校园文化建设的工作主要侧重的是在学校范围之内营造一个良好的文化氛围，为学生提供自由的精神发展环境，使得校园内的物质、制度、精神文化等都能够得到建设和强化，进而达到传承民族体育文化的目标。

第二，我国学校的校园民族文化建设起步较晚，其建设是一个很迫切的问题，因此，必须从根本上意识到这一工作的必要性，根据实际情况制定科学合理的策略，保障文化传承价值的最大化发挥。学校教育当中要恰当的设置体育课程，同时也要增加相关的竞技项目训练，而且这两个方面都是学校教育发挥民族传统体育文化传承作用的主要渠道。体育课程的安排和体育竞技训练的设置都必须要遵循文化传承的规律，善于和多元文化教育进行整合，构建多样化和科学化的课程体系。

学校是传承民族传统体育文化的主阵地，能够为我国民族体育的普及和可持续发展提供根本性保障。因此，在学校教育体系的构建过程中必须有效融合关于民族传统体育文化的内容，同时必须要引导广大体育教师充实到文化传承队伍当中，将民族传统体育技艺和文化进行继承和发扬，不断丰富我国文化内涵。

第二节　民族体育文化传承与发展中的问题

一、重竞技性而轻大众性

追究民族传统体育的根源，能够明显看到其根植在广大人民群众中间，并且广泛的在大众中间流传和普及，有着非常显著的农业文化内涵，而且很长时间以来都是我国不同民族群众健身、交际的有力载体。但是在 20 世纪以后，西方体育向着现代化方向发展，并且更多地侧重于体育的竞技性，从奥运会就能够看到这一特征，促成了现代体育的形成和发展。从 20 世纪中叶我国的体育发展思想上看，体育发展观念单一的侧重于夺取奥运金牌，也就是注重竞技性体育。这样的政策在很大程度上制约了大众体育的发展，也体现出对大众化体育的轻视。很多具有中国特色的体育形式，如武术从全国性质的运动会当中退出，而这些运动形式都属于我国民族传统体育的代表。再加上民族体育运动项目竞技程度的增强和规范化建成不断加快我国的民族体育文化发展受到直接影响，甚至是阻碍了体育文化的传承和保护。

二、重形式而轻内涵

我国的民族传统体育不单单属于一种体育类型，还具有深层次的文化内涵，不仅仅能够满足群众健身需求，成为大众的一种竞技娱乐形式，还承载着我国悠久的文化，彰显出我国民族文化的特色。20 世纪中叶以来，针对民族传统体育的管理主要是由我国的体育部门承担主要的管理责任，而其他部门进行协同管理，但是在管理当中能够清楚地看到过多的关注体育属性，不能够深入挖掘民族传统体育的文化内涵，也就是忽视掉文化属性之一具有重要意义的特征。这种认知缺陷造成的一个直接结果就是争论传统体育究竟是属于传统体育还是民族体育，这样的认知不仅是造成我国民族体育发展和保护有着巨大阻碍的重要原因。随着时间地发展，尤其是在 20 世纪以后，非物质文化遗产保护工作被纳入到当前的重点工作中来，随之带来的是大量的民族传统体育被公布为我国的非物质文化遗产，成为我国传统民间文化当中不可缺少的一部分。2011 年，《全民健身计划（2011 年—2015 年）》更是明确提出要从根本上意识到我国传统体育存在深厚的文化内涵，进一步推动传统体育的发展，但是在具体的实施过程中还存在一定的不足，注重形式而忽略，甚至是轻视内涵的问题，还需要得到进一步的解决。

三、重传统而轻现代

无论是哪一种文化要得到传承、发扬和持续性的发展都不能够和现实生活相分离，民族传统体育文化作为文化的重要组成部分更是如此。但是在具体的文化传承和保护当中却存在非常明显的问题，单一注重民族传统体育文化的传统性，进而与它的现代性相分离。

具体体现在以下三个方面。第一，单一注重和强调传统性，在这样的思想指导之下，在发展以及保护民族传统体育的过程中一味地采用原生态保护手段，避免传统体育当中的传统文化内涵发生改变。这样的行为在推广我国的民族传统体育过程中会带来极大的阻碍，当然这样的保护方法可以用在文化遗产类型的传统体育保护当中，但是必须要拿捏好保护程度，切不可将同一方法推进应用到所有的传统体育发展和保护当中。第二，错误地开发民族传统体育当中的传统性价值。不少地区在发展和保护传统体育的过程中，缺乏正确的思想认识，而且也没有建立起完善和高素质的人才队伍，在实际工作当中采用的策略过于单一，缺乏创新性，不能够挖掘出我国民族传统体育当中的传统性内涵，也使得文化的传承和保护工作面临巨大挑战，可以说这样的行为是对其中传统文化价值的扭曲，会制约民族传统体育的发展进程。第三，不能够正确的处理民族传统体育现代化发展问题。体育的现代化发展不能够单一的认为是向着竞技化和西方化演变，更应该提起重视的是文化的现代化，否则就会落入到重传统而轻现代的窠臼当中。

四、民族传统体育传承后继乏人

民族传统体育文化的传播和保护工作需要有高素质和专业性人才的支持，但是当前不得不面临的一个现实问题是专项体育人才缺乏，其整体素质有待提升，那么民族传统体育要想获得持久的发展也就缺少了后续和支持动力。很多的青年渴望跳出局限的发展空间，想要在大城市当中获得发展甚至是扬眉吐气，于是大量的人才流入到城市地区，而我国很多的传统体育项目在发展当中就找不到好的传承人。尤其是很多少数民族青年背井离乡的在城市当中发展，受到当地强势文化的影响较大，很自然地会逐步淡忘本族文化。再加上不少地区对于传统体育项目缺乏重视和关注度，不能够及时制定有效的管理和保护措施，由于诸多工作不到位的问题，使得大量的民族传统体育项目为偏废甚至是完全放弃。大量的民族体育项目得不到保护和传承，那么其中的传统体育文化传承工作自然受阻，当务之急就是要解决我国民族传统体育传承后继乏人的问题。

五、民族体育文化出现断层

我国正在全面推进民族传统体育文化的传承和发展工作，注重对于文化的保护，其中一项非常重要的工作任务就是要将民族体育文化和现代化的体育不仅思想进行有机整合，但是这一任务还没有完成，导致民族体育文化断层问题的出现。在我国现代社会文化当中，体育是其中不可或缺的部分，在奥林匹克化的影响之下在发生着变化和调整，向着标准和统一化的方向发展。如果照着这样的方向和趋势发展西方现代体育的文化思想会非常严重的冲击民族传统体育文化，甚至使其在发展当中面临生死攸关的抉择：是要立足本民族来拓宽传统体育发展空间还是要放弃一些特色和优势来赢得世界认可。这是一种两难选择，也是当前民族传统体育保护和发展当中急需解决的问题。

六、物质文化的繁荣还不够

文化的传承和保护要做到的是物质文化和民族传统体育文化的共同繁荣，提升整体的创造性和创新力，但是当前我们不得不正视的一个问题是物质文化繁荣程度有待增强，要想发展我国的民族传统体育文化，必须要进一步推进物质文化的发展，并以此为基础增强创新力的锻炼，通过创新改革的方式来做好保护和发展的相关工作。创新是文化发展之魂，更是文化传承不可缺少的力量支撑，那么我国民族传统体育文化要想做到真正的繁荣和坚不可摧更是需要注入创新活力，这也是在全球化的趋势之下求得生存和持续发展的重要举措。从很多其他国家的体育文化创新实例当中能够获得借鉴，利用文化整合创新来推动民族传统体育和文化发展是能够实现的，从中要融入民族特色，不断增强国家的综合实力，精心选择有利时机来在世界舞台之林上彰显中华民族的特色。

第三节 民族体育文化的传承与发展策略

将区域性和地方性的文化进行有效融合和发展就构成了全球性的体育文化，但是这样的演变和构建工作需要经历较长的时间，同时也是当前民族传统体育文化的发展方向，属于东西方体育文化融合的创新产物。随着体育文化全球发展进程的加决，我国也要全面推进民族传统体育文化的建设和传承保护工作，并在具体的实践当中立足本土文化，综合运用全球化平台资源来为自身发展奠定坚实基础。体育文化的全球化为人类健康和生命本质的归复提供了一个非常好的空间，这些都说明我国的民族传统体育文化必须要与全球化的体育文化相融合，做到相互学习和借鉴，融合民族传统体育人文精神，取精去糙、改变观念，进而完成中华体育新文化的建构。具体而言，应注意以下七个方面。

一、改变传统民族传统体育的传承观念

从社会学研究的领域来看，"传统"与"现代"在社会发展形态比较意义上是对概念，"现代"是在"传统"的基础上发展而来的。由于受到千年封建思想的影响，中国人已经形成了闭关自守、自娱自乐的传统思想观念。中国人的创新力和创新思维都需要得到提升，这是受我国传统历史文化和观念影响所造成的，在这样的影响之下，很多的民族传统体育项目受到了极大的发展限制，从整体上影响到整个国家传统体育文化发展的同时，也不利于我国传统体育特色文化在世界上的传播。在保护民族非物质文化遗产方面，我国表示关注与重视，并对一些相应的措施进行了制定，而且提出了保护对策。尽管如此，传统的封

建观念、落后的思想以及错误的价值观等仍然在不同程度上影响和制约着民族传统体育的发展，只能得到有限的发展，有的甚至逐渐消亡。对此，民族传统体育面临的不利形势和诸多消极因素要想被彻底地解决就必须从根本上做到思想理念的创新，进一步深化改革和推动改革步伐，加强科学研究，充分挖掘我国民族传统体育项目的优势，并对一些优势项目展开国际化创新以及现代化的发展，使得他们能够突破时空限制，昂首挺立在世界舞台上，让我国的民族传统体育文化，真正在世界上发扬和传播，扩大国家文化的影响力，彰显出国家的繁荣与富强。通过这样的努力和创新改变，我国的文化软实力能够从整体上得到提高，那么我国的民族传统文化也就有了坚强的保障。

二、规范民族传统体育文化的发展模式

我国有着历史悠久以及内涵丰富的民族传统文化，可以说是一个系统化和全面性的有着民族特色的文化体系，在这一体系当中，民族传统体育文化在其中扮演着重要角色，而且是民间文化生活的总结，使得民族情感更加的坚固永恒，从中也能够看到民族风俗，让我国的社会生活以及文化更加丰富多元。只有具备可识别性可利用性、可沟通性，才能够使民族传统体育的可持续发展得到有力的保证，也就是说，民族传统体育必须要具备世界大众所认可的某些共性。由于缺乏较为完善和严格的比赛规则，很难对胜负和名次进行准确的判别，这对民族传统体育的发展和传播产生了非常严重的影响，制约了整体发展速度。因此，要想充分挖掘民族传统体育项目当中的优势内容，并且能够将优势发挥到最大化，就必须做到理论联系实际，加强对相关基础知识和实践的分析与探究，与此同时，还需要不断更新这些项目的竞技规则，增强创新活力，推动传统体育的科学规范发展，完善我国传统民族体育文化体系，提高其在世界范围内的信誉。

以舞龙和舞狮项目为例，这两个体育项目都属于民族传统体育的范畴，而且这些项目当中的优势十分明显，而且竞争性也是比较突出的，其也具有与国际惯例相符的竞赛规则，我国成立的龙狮运动协会也在对这两个项目的发展进行监督，从这层面上看，我国的舞龙和舞狮运动在实际的传承和保护当中具有良好的依据和严密的组织支持。与此同时，龙狮分会分布在世界各地，他们的影响力也在逐步提高，尤其是在华人社会有着较高的反响，这直接推动了传统文化项目国际化发展进程并且使得他们能够逐步变成国际运动项目的重要组成部分。随着世界文化交融和全球化进程的加快，我国的民族传统体育项目以及文化需要创新和规范发展模式，从局限的空间当中跳脱出来，并且和世界先进的优秀体育文化进行交流和互动，最终成为世界文化当中占有重要地位的一部分。

三、优化民族传统体育的技术结构

民族传统体育技术有着显著的特色，也就是做到了国际性和民族性并举。民族传统体育始终保持自己的独特个性是其存在的根本保障，而且在开发民族传统体育的过程中也要

注意个性的保持。如果我国的民族传统体育不再具有自身的特色和个性，那么它的存在价值也将不复存在。以我国传统的舞龙舞狮表演为例，在表演时就必须要有锣鼓助阵，究其原因，主要是由于锣鼓在表演时的主要作用在于营造出喧闹的节日气氛，因此可以说，其是我国民族文化的一个缩影。要想使民族传统体育项目在发展的过程中被世界大众所认可和接受，适应全球化发展需要，能够在世界一体化的背景下实现民族体育的振兴和发扬，就必须要加快传统体育项目的全球化发展趋势，优化其整体的技术结构。很多民族活动封建习俗浓厚，而且较为野蛮，达不到文明的要求，因此其在世界范围内的发展举步维艰，而且我国也不提倡将此项目推广到世界其他各国。所以，我国民族传统体育的发展要想取得良好的成果，就必须将对违背科学原理的内容进行摒弃，对残害人体的项目进行根除。要大力改造和整合那些有着鲜明的特色、健身效果好、群众乐于接受、便于组织开展的民族传统体育，这样，民族传统体育项目不仅仅能够有效地完成国际化变革，还能够强化和突出自身特色，真正做到了民族和国际性的整合和统一。

四、推进民族传统体育基础设施建设

民族传统体育要想获得长久和高质量的发展必须要具备完善的基础设施支持，也就是需要有充足物质保证作为前提条件。而从现实情况来看，我国民族传统体育的场地和基础设施建设严重不足，很多传统的体育项目的场地和设施资源并不能满足人们的日常训练和比赛的需要。要想发展和保护传统体育需要具备一定的场地和基础设施，能够在特定的场所和利用特定的器材展开技术训练，拥有强化体育项目和文化发展的空间，因此，基础设施建设是目前的当务之急，必须提高对这一问题解决的重视程度，对于已经建好的场地和资源，应加强其使用率，开展相应的传统体育项目比赛和运动会，促进人们之间的交流和构成，促进民族传统体育产业的发展。

推进基础设施的构建一方面要推进基础设施的市场化进程，为设施建设提供多方面的条件支持；另一方面则是要进行科学合理的经营，促进其健康发展。这样不仅可以为广大的人民群众提供健身的场所，同时还为民族传统体育产业的开发提供了必要的物质载体。

五、强化民族传统体育项目改造

随着现代生活节奏的加快，人们对于休闲和健身项目的追求向着简单、实用、有趣和高效等方面转化。在这样的趋势之下，传统体育项目的改造必须要充分做到与时俱进，与社会需求相适应，扩大影响范围，也让更多的群众参与其中，共同为文化传承和保护做出贡献。通过进行相应的改造能够使其更好地满足现代人的不同需求，为其发展和传播增加了一定的群众心理基础。

传统体育项目的改造不仅仅是要做到项目的创新改革，还需要积极推进项目开发工作，并做好创新技术的应用和先进体育技术的融合。在项目自身的改造过程中不妨加强先进科学技术的投入，采用先进的理论和科学技术手段来进行相应的理论研究，运用现代科技促进其发展和传播。具体而言，对于一项项目的动作应舍弃那些不符合科学原理的动作，增强其健身效果。对于一些观赏性较强、适合开展相应比赛的运动项目，应注重其相应的规则的完善，提高其观赏性。

六、注重人才培养，提升管理者素质

人力资源在经济以及社会进步当中都起着关键性作用，体育人才素质的高低也会直接影响到我国民族传统体育文化传播和发展的质量，而且文化的传承还需要高素质的人才队伍承担起重要的传承责任。尤其是在当今社会，产业采用的多为数字化、网络化的技术手段，并且是与拥有品牌优势和销售渠道优势的大型跨国公司展开生存竞争，是否具有强大的竞争实力，能否在激烈的竞争中脱颖而出更多考察的是传统体育品牌力量以及文化传承当中的人才数量以及综合素质。因此，要注重增强传统体育文化产业的核心竞争力，尤其是要重视人才培养，让更多高素质的复合型人才充实到文化传承和保护队伍当中，充分发挥其自身价值和优势能力，为传统体育文化的创新发展注入更大的生机和活力。针对当前传统体育发展现况和发展需要，人才缺口较大，只有将大量的高素质人才引入其中才能够为其提供切实保障。对于管理者和经营者而言，应用现代经营和管理理念提高自身的业务水平。除了相应的经营和管理人才之外，还应该注重运动表演和运动技术水平较高的人才的培养。相关企业以及单位必须要坚持从自身实际出发，考虑到传统体育文化发展由于人才的迫切需求，构建完善的人才选拔和教育培训制度，为我国民族传统体育文化产业进步提供了强大保障。总而言之，虽然民族传统体育产业化起步晚和基础差，但是其中却有着无限的潜能等待深层次的挖掘和发现。尽快健全人才培养机制，增强对于人才的吸引力，构建完善的人才队伍是民族传统体育文化未来发展必须要完成的任务。

七、促进民族传统体育相关产业发展

（一）促进民族传统体育竞赛表演业发展

开展体育竞赛和体育表演是体育项目传播的重要渠道和方式，很多体育项目都是通过这一渠道逐渐被人们所了解和认识，并且逐渐在国际上具有了一定的影响力。

对此，在此基础之上有效组织和实施关于民族传统体育的运动会在其产业化发展进程当中起着重要作用，更是产业化发展的催化剂。

除了开展相应的民族传统体育运动会之外，还可开展相应的运动比赛形式，积极推广民族传统体育，倡导健身、休闲，使更多的人参与其中。

对于一些发展比较成熟的民族传统体育项目，应对其进行科学的加工，使其逐渐向竞技项目迈进，在吸引人们参与其中的同时，也能够发展和完善其运动规则和运动技术。

产业化发展模式是当前民族体育文化发展当中必须要探讨的一个问题，经过大量的实践发现发展模式可以划分成两个类型，一类是市场主导型，另一类是政府参与型。在市场经济飞速发展的社会环境下，政府参与型模式在实践应用中有着一定的优势，其原因可以从国情分析中获得，能够增强产业的适应性，并且能够助力于市场经济的发展。因此，政府需要在民族传统体育文化产业发展过程中承担好自身职能，最大化的发挥参与以及扶持价值，使得产业化发展拥有明确清晰的目标。在确立产业化发展目标之后，政府在具体的发展当中需要提供良好的政策支持，并在相关政策和法律制度当中明确指出体育产业尤其是我国的民族传统体育文化产业必须要得到重视以及保护，采取一系列的支持和保障措施来加快产业化进程。在完善法律制度体系的支持之下，能够有效地对市场进行规范引导，使得我国的传统体育文化产业能够置身于一个和谐民主和自由的环境当中，并且获得可持续发展的动力。

（三）实行民族传统体育俱乐部制

随着经济的发展和社会的进步，我国的物质和精神文明建设都在如火如荼地进行，其建设水平都有了稳步提升，在这样的情势之下，我国的体育运动抓住有利的发展时机，获得了快速发展，而且其中的很多功能以及价值都逐步的突显出来，在这些价值和功能的发挥之下，大量的体育俱乐部兴起，俱乐部当中的会员数量也与日俱增。体育俱乐部是一种进行体育活动经营的组织机构，在世界范围内都有着较大影响力，可以说是风靡全球。随着改革开放程度的增强，我国的经济体制进行了根本性转变，彻底迈入到市场经济当中，经济、政治、文化等变革都在不断加深，这些体育俱乐部的产生以及发展创造了有利时机。可以说体育俱乐部能够反映出体育改革和社会进步，更是时代的选择。因此，民族传统体育的发展，以及文化传承保护工作的未来实施可以充分借鉴上面提到的内容，也就是实行民族传统体育俱乐部制。而且民族传统体育文化要想成为世界性的体育项目，要想与世界范围内的体育运动相互交流，就必须走俱乐部制这条路。这样的制度形式能够更加有效发扬民族传统文化，推进其产业化发展速度以及质量，并为完善产业体系的构建提供支持和保护作用。

（三）创建民族传统体育品牌

在我国璀璨的文化宝库当中，民族传统体育文化是一朵奇葩，其珍惜和宝贵程度不言而喻，民族传统文化特色也非常突出。因此，我国可以加大品牌战略研究。也就是建设具有我国民族文化特色的传统体育品牌，制定行之有效的品牌发展和品牌建设策略，提高传统体育品牌的影响力和拓展范围，并且能够在激烈的国际竞争当中脱颖而出，为传统体育文化产业在世界当中站稳脚跟奠定坚实基础。当前，民族传统体育的国际化水平有了很大程度的提高，也在国际交流和世界上的竞赛表演当中获得了很多赞誉，但是整体的发展情况仍然不太乐观。造成这种情况的原因是多方面的，如民族传统体育文化产业自身的宣传推广不够等，没能形成品牌优势是直接原因之一。民族传统体育品牌有着巨大的发展潜能，上升和发展空间较大，其中的内容更是多不胜数，但是最为基础和关键的内容就是要做到科学开发，提高开发和品牌应用价值。我国的国际地位以及整体综合实力都有了较大程度的提升，大量的民族传统体育项目和文化开始走向国际舞台，也形成了一定的体育品牌，其影响力和影响范围也有了很大程度的扩展。例如，武术为我国传统的民族体育项目在国际交流和发展当中已经形成了具有良好口碑和世界影响力的体育品牌，其实还和知名电影作品进行了整合，品牌知名度大大提升，如《卧虎藏龙》《少林寺》等，这在世界上都有着强大的反响，掀起了中国民族传统体育发展热潮。

（四）推进民族传统体育市场化发展

在市场化经济飞速发展的进程中，我国的民族传统体育以及文化发展需要立足于市场经济进行市场化的发展变革，并且做到和市场的紧密配合，有效利用市场规律来扩大国内外市场，为传统体育发展拓宽空间，营造良好的发展环境。

1. 民族传统体育技术培训市场

民族传统体育项目和文化的传承需要有大量人员的参与，也就是要不断扩大民族传统体育人口，实现这一目的的关键举措就是要展开教育培训工作，拓宽培训市场。教育培训工作和产业市场在民族传统体育发展当中需要做到相互影响和促进，而且必须要正确处理二者关系，具体可以从两方面来理解这部分内容。

方面，在教育培训工作实践当中，受到民族传统体育培训的人员需要购买相关用品，也需要参与多种体育竞赛或者是表演实践活动，无论是哪种形式的行为都伴随着一定的购买行为，而这些市场化的购买行为能够极大的活跃市场，推动民族体育市场的发展和进步。另外，通过系统全面的教育培训工作会让越来越多的人爱上民族传统体育以及文化，也使得他们会自觉的支持我国的民族传统体育产业发展，拓宽市场，扩大消费人群。

另一方面，市场的扩大以及发展会让更多的人充实到培训队伍当中，接受到传统体育文化的熏陶和教育。例如，民族传统体育竞赛表演市场中精彩的表演与比赛或健身娱乐市场的发展可以带动更多的消费群体转人民族传统体育技术培训市场。

2. 民族传统体育健身娱乐市场

民族传统体育健身娱乐市场有着极大的发展前景，更是传统体育市场化发展进程中的组成部分，要想推动这一市场的扩大必须做到多种策略的融合，具体要做到。

第一，把握健身娱乐市场运行环节，也就是要努力培育消费者人群，提升消费者认同感，增强自身的市场吸引力。健身娱乐市场的发展主要考虑的经营策略是如何根据消费者的需要开发和利用民族传统体育资源。这个经营策略可以从两个方面实行。一方面，提高人民的消费水平，提高消费水平首先要提高收入水平及生活水平，人们物质生活条件优越了，在民族传统体育健身娱乐这个行业中消费的观念才有可能萌生。另一方面，民族传统体育健身娱乐市场要想扩大积累资金，加快运转，促进自身发展、就必须把握市场发展方向，准确做好市场定位，降低自身的成本，以灵活的价格面向各种消费者，逐渐吸引更多的消费群体投入健身娱乐市场，这样才能够多层次、多特色、多项目地开发健身娱乐市场，才能满足不同层次的民族传统体育消费者的需要，使得整个健身娱乐产业的市场扩大以及可持续发展目标得以达成。

第二，建立相关法律和管理体制。虽然我国有些省市制定了相关的地方法律法规，一定程度上也规范了当地健身娱乐业。但是，由于市场有自身的运作规律，必然会出现市场竞争与优胜劣汰，新生事物进入市场能否生存并发展要经过市场的长期检验才有结果，相关部门的管理只是起到了宏观导向的作用。谁投资、谁受益是管理民族传统体育健身娱乐市场的基本原则，对此，相关部门需要用必要法律政策来维护和保障市场的稳定发展。

3. 民族传统体育消费市场

当前，我国的民族传统体育消费在整个体育消费中所占比例还很小，因此积极开拓民族传统体育消费市场，扩大我国的民族传统体育消费水平非常迫切。在具体的行动当中必须要不断增强传统体育对于广大消费者的吸引力，充分了解和满足消费者的健康需要，并对传统体育文化及其体育功能进行宣扬，从而起到刺激消费的巨大作用。另外，民族传统体育中一些项目还具有防身作用并且动作优美，这都可以成为刺激民族传统体育消费的有利条件。如果能对传统体育的文化价值进行最大化的开发和发挥那么品牌建设工作也不再是梦想，而且品牌活力能够大大增强，也会吸引大量的优质企业参与到民族体育文化建设和传承中，加快产业化和市场化进程。

4. 民族传统体育文化市场

传统体育文化市场是整个文化产业不可缺少的组成部分，并且在其中发挥着不可替代作用。一方面要加大文化理论研究，增强对新媒体工具的应用，有效引导消费。另一方面，要注重开拓传统体育市场，增强创新力度。民族传统体育文化市场的类型非常复杂，主要包含有形产品、无形产品、物质产品和精神产品等，那么人们的消费选择会得到进一步的扩大，甚至会产生其他层次的传统体育文化需要。需要注意的是，民族传统体育文化市场在扩大以及发展当中必须要坚持社会效益第经济效益第二，这是一条值得捍卫的发展准则。

随着社会的发展，民族传统体育文化产品的生产、流通、消费和服务呈现出了新的面貌，这与现代化的社会化大生产密不可分。大工业生产和现代的科技为民族传统体育文化的生产和服务活动的开展创造了极为有利的条件，丰富和扩展了传播媒介、流通方式、消费方式。

第七章　民族传统体育的科学化发展研究

我国政府对民族传统体育的发展历来十分重视，为促进民族传统体育的发展做了大量工作。本章从建立对民族传统体育内涵的正确认识、政策上保障民族传统体育的发展等三个方面，对民族传统体育的科学化发展展开分析和研究。

第一节　建立对民族传统体育内涵价值的正确认识

"天人合一""知行合一""情景合一"是阐述我国民族传统体育价值的基础，在中国礼乐文化中，一向主张万物和谐，阴阳协调，认为中和、和谐、协调是美的最高境界。在中国古代有礼、乐、射、御、书、数，统称为"六艺"。在六艺中，其强调的是通过六艺的学习来达到内心的和谐，使心灵与体格之间能够和谐互动，最终完善自身的人格。六艺的这些要义与现代奥林匹克精神可谓殊途同归，都是为了推动体育与心灵的和谐发展。

我国民族传统体育的发展依附于我国的传统体育文化，而传统体育文化的生存与发展是一个动态平衡过程，其需要与时代的韵律相契合，并且还要与社会发展的要求相适应，只有这样传统体育文化才能得到长远的发展。民族传统体育文化资源是一笔优秀而宝贵的民族文化遗产，它是中华民族在特定的政治、经济、地理、文化等生活条件下所形成的一种民族文化，因而具有独特的价值与特征。因此，开发民族传统体育文化对传播民族传统文化，开展各民族传统体育活动，增强各民族人民的团结进步，促进民族经济发展等有着十分重要的意义。通过对民族传统体育文化进行剖析，有助于了解体育的起源及其在各发展阶段的形态，进而挖掘和创造新的体育项目和形式。

中华民族传统体育是中华民族的优秀文化，同时也是人类文化的重要组成部分。在以往相当长的一段时间里，我们对体育的认识存在一定的偏激，几乎将体育与竞技体育划上等号，片面的追求发展竞技体育，而忽视了中华民族传统体育的价值内涵。在当今的东、西方体育抗争中，我国民族传统体育仍然有着强大的生命力，其原因就在于它具有西方体育所不具有的东西。西方式的健身运动往往比较剧烈，而我国民族传统体育则重在颐养身心，使全身各个部分的功能都能达到协调、平衡。武术是我国民族传统体育项目中的瑰宝，其不但在世界范围内获得了极大的推广，而且还吸引了大量的外国武术爱好者来中国本土学习，而这些都源于武术本身所具有的内行价值。通过武术的学习，能使人们在运动中体会到人与自然的高度和谐与平衡，从而使人们的身心、意识得到升华、提高。如今，奥林匹克运动风靡全球，其对文化多元化也有了更深的认识，并以"相互了解、友谊团结、公平竞争"博大的人文关怀去极大地吸纳世界范围内的优秀体育文化遗产，即便如此，西方体育文化仍然对中华民族的审美心理产生了极大的冲击，这些将会对我国固定的民族文化模式和审美心理结构产生极大的影响。因此，在奥林匹克运动冲击下，为了让中华民族传统体育文化资源能够持续发展，我们所需要做的就是要实现其价值的回归，建立对中华民族传统体育内涵价值的正确认识。

中华民族传统体育文化与西方竞技体育文化的矛盾是对立统一、客观存在的。作为一个民族的体育文化，一定要从宏观上、全方位地把握世界文化思潮的应变能力，以民族心理机制固有的求新、求奇、求知的品格要求，在其价值归位的基础上对民族传统体育文化观念进行重塑，摒弃不适合现代文明社会的旧俗和陈旧的心理模式，使其具有现代化民族特色的传统体育的新观念。从整个奥林匹克运动和民族传统体育长远发展出发，取其精华、去其糟粕，在保持民族特色的基础上，借鉴现代体育奋发与竞争精神价值，促进民族传统体育的健康发展。

我们不仅要继承和发扬我国民族传统体育文化，更重要的是要增进民族团结和民族凝聚力，促进我国安定团结。

第二节　在政策上保障民族传统体育的发展

在我国政府的执政思想与执政理念中，民族体育政策是一个非常重要的部分，其对促进民族平等、维护民族团结、推进各民族共同繁荣有着十分重要的意义。自新中国成立以来，发展民族体育事业、增进人民健康、加强民族团结、弘扬民族文化就一直是民族体育的发展方针，这一方针政策在政治上和社会上为我国民族体育事业的兴旺发展奠定了坚实基础。

一、形成与完善民族体育政策

我国由 56 个民族组成，是一个多民族国家。在以往的封建统治中，少数民族民众饱受封建统治者的歧视和压迫，一直过着颠沛流离、饥寒交迫的生活，民族体育事业的发展便无从谈起。

中国共产党自成立以来，民族压迫开始逐渐消失，民族平等也逐渐得以实现。早在1992 年，中共"二大"就提出了"尊重边疆各族人民自主权力"的政治主张。在中华人民共和国成立以后，我国政府就废除了一切民族压迫的制度，并制定了一系列保障民族平等与民族团结的政策法令，开创了中华民族大团结、大繁荣的新纪元。就像毛泽东同志曾经指出的："国家的统一，人民的团结，国内各民族的团结，这是我们的事业必定要胜利的基本保证"，这为新中国各项社会主义事业的发展指明了方向。

自新中国成立以来，我国政府就对少数民族体育事业的发展十分的重视。1949年10月朱德同志在中华全国体育总会成立大会上就提出"要广泛地采用民间原有的许多体育形式"。1961年，周恩来总理亲临云南西双版纳与傣族人民一道欢度"泼水节"时指出："傣族人民的划龙舟，不仅是娱乐活动，而且是体育活动，可以增强人民体质，练习保卫祖国的本领"，这些领导人的言辞都充分肯定了民族传统体育的社会文化价值。1999年江泽民同志为第六届全国少数民族传统体育运动会题写了"发展民族体育，增强民族体质"的题词。2006年胡锦涛总书记在云南民族地区考察时，提出了构建社会主义"和谐文化"的思想，这些都对民族体育事业的发展，以及构建社会主义和谐社会有着重要的指导意义，极大地丰富和充实了中国民族体育政策的思想内涵。2016年5月17日，习近平总书记在哲学社会科学工作座谈会上指出："要善于融通马克思主义的资源、中华优秀传统文化的资源、国外哲学社会科学的资源，坚持不忘本来、吸收外来、面向未来。"民族传统体育作为东方文明肢体语言的优秀形象代表，在构建中国形象的历程中，肩负着实现中国民族伟大复兴的历史重任。

二、坚持民族体育政策

（一）民族团结是民族体育政策的基本出发点

增进民族团结一直都是我国政府一大目标，发展民族体育事业的基本出发点也是增进民族团结。坚持"各民族共同团结奋斗与共同繁荣发展"的方针，对全国各族人民的身心健康以及体育事业的发展都极为关怀与重视。《中华人民共和国宪法》第119条明确规定："民族自治地方的自治机关自主管理本地方的教育、科学、文化卫生和体育事业，"从宪法的基础上保证了民族传统体育事业的发展。

1981年，国家民委与国家体委在研究少数民族体育工作时指出："要贯彻落实党的民族政策，积极开展民族传统体育与近代体育活动，提高少数民族的健康水平和运动技术水平，活跃群众文化生活，促进民族团结，为建设社会主义精神文明服务。"并提出"积极提倡、加强领导、改革提高、稳定发展"的民族体育方针。1995年颁布的《中华人民共和国体育法》第六条规定："国家扶持少数民族地区发展体育事业、培养少数民族体育人才。"这一法律的颁布，使我国重视发展民族体育事业的方针更为明确。2002年，北京申办2008年国际奥运会获得成功，在这一时刻，中共中央、国务院发布了《关于进一步加强和改进新时期体育工作的意见》，在这一意见中，提出"要广泛开展体育活动，不断提高全民的健康水平""要抓住西部大开发的有利时机，积极扶持中西部地区和少数民族地区发展体育事业，发挥民族人才资源优势，努力促进区域体育的共同发展"。同时，还明确提出了"要通过体育弘扬集体主义、爱国主义精神，增强国家和民族的向心力、凝聚力，创造文明和谐的社会环境"的体育发展目标。从以上内容可知，我国政府对各族人民的基本利益和共同团结非常重视，一直将发展民族传统体育事业作为贯彻民族政策、促进民族团结的一项重要任务来落实。

（二）民族平等是民族体育政策的基本原则

我国是一个社会主义国家，实现民族大团结是全国各族人民的共同愿望，而这些都是建立在民族平等的基础之上的。民族平等是我国社会主义民族关系的基石，也是我国政府制定一切民族政策的基本原则。只有在各民族中真正实行政治关系、经济关系和文化关系一律平等的政策，才能实现各族人民的团结。

自新中国成立以来，为了保障民族平等，使全国人民在各种社会领域和民族关系中实现真正的平等，我国政府制定了一系列的政策法令。1984 年中共中央发出通知指出："体育是全民族性的群众活动，全党、全社会都要重视加强体育工作，进一步发展全民族体育运动。"在这一通知中，"全民族性"实际上就是囊括汉族和 55 个少数民族在内的中华民族的整体概念，也是民族平等政策在国家体育发展政策中的具体体现。

自 20 世纪中期以来，为了加快西藏、新疆、内蒙古、广西壮族自治区的体育事业的发展，国家先后抽调了体育干部、教练员去支援，同时通过体育学院培训少数民族体育干部和体育专业人才，并且在体育设施的建设方面，也对民族地区加大了投资。在 20 世纪末，我国开始实施西部大开发战略，这一战略的实施极大地促进了西部地区经济社会的发展，推进了中华民族的团结进步与共同繁荣。

自进入二十一世纪以来，民族地区体育事业的发展得到了我国政府的进一步重视和支持。国家体育总局在《2001—2010 年体育改革和发展纲要》中明确提出："要率先抓住西部大开发的有利时机，积极扶持中西部地区和民族地区发展体育。"并具体规定："对西部地区和少数民族地区在承办赛事、体育设施建设、体育人才培养等方面给予积极支持。"为此，国家加大了对少数民族地区体育经费的投入和全民健身工程以及青少年体育俱乐部的布点，对西部地区举办全国性竞赛也加大了支持力度，同时，还向西部少数民族地区援建大批体育场馆项目，这一系列措施的实施，极大地促进了西部民族地区体育事业的蓬勃发展。

（三）从各民族实际出发是民族体育政策的基本依据

我国是一个多民族国家，各民族在社会意识、文化模式、价值观念、宗教信仰、风俗礼仪等方面都存在一定的差别，因而，在民族体育事业的发展过程中，各民族传统体育活动中所蕴含的文化内涵、意识观念、价值取向有所不同。鉴于此，在推进民族体育事业发展的过程中，我国应始终坚持从各民族的实际出发，尊重各民族人民的风俗习惯，同时充分利用各民族地区特有的自然环境、社会环境与传统体育资源优势，因势利导，推进民族地区体育活动的开展。

三、贯彻实施民族传统体育政策

（一）通过立法保障，推动民族地区体育事业的发展

我国《宪法》总纲第四条指出："中华人民共和国各族人民一律平等，国家保证各少数民族的合法的权利和利益。"这从法律的高度确保了我国各民族关系是一律平等的，也为我国少数民族体育事业发展奠定了政治基础和法制基础。《宪法》第 21 条还明确规定："国家发展体育事业、开展群众性体育活动、增强人民体质。"这一规定表明了我国体育事业广泛的人民性及国家对全民族体育工作的重视，将发展民族体育在内的群众性体育活动列入国家体育事业的重要范畴。

2005 年，我国对《中华人民共和国民族区域自治法》进行了重新修订和颁布，在这一法律中，对少数民族地区体育事业的发展做了进一步的强调，并将其纳入相关的法律条款。例如，在第四十一条规定："民族自治地方的自治机关自主地发展体育事业，开展民族传统体育活动，增强各民族人民的体质。"第五十条规定："民族自治地方的自治机关帮助本地方各民族发展经济、教育、科技、文化卫生和体育事业。"这些法规条文的颁布，从国家法律层面上为我国民族地区体育事业的发展提供了保障，促进了民族传统体育在民族自治区域内的健康发展。2006 年，中国共产党十六届六中全会通过了《中共中央关于构建社会主义和谐社会若干重大问题的决定》。这一决定指出："社会和谐是中国特色社会主义的本质属性，是国家富强、民族振兴、人民幸福的重要保证。"同时还提出了："要加大对革命老区、民族地区、边疆地区等地区的转移支付，加大对人口较少民族的支持。"并且"人口较少民族发展""兴边富民行动"和"少数民族事业"等三个专项规划还被写入国家编制的"十一五"发展规划中。这一系列法律、政策的制定和实施，为民族地区经济社会及各项事业的发展提供了坚实的保障。

（二）发展政策和经费对民族地区予以倾斜

在整个国家发展战略中，民族地区经济社会的发展是一个非常重要的部分，其是实现各民族共同繁荣发展的根本途径。自中华人民共和国成立以来，我国政府对民族地区的发展一直予以重大关注，在财政经费上也是一度予以倾斜支持。伴随着西部大开发战略的实施，中央政府对民族地区的财政经费支持也在逐渐加大。在"十五"期间，我国少数民族地区的固定资产投资平均每年增长 25.6%，共达 30204 亿元，这些都极大地推动了民族地区经济社会各项事业的快速发展。

在民族地区体育事业方面，国家也在人力、物力、政策等方面提供了极大的支持。例如，加大了对西部民族地区体育经费的支持力度；增加该地区全民健身工程和青少年体育俱乐部的布点；支持西部地区举办更多的全国性竞赛；实施"雪炭工程"，向西部民族地区援建大批体育场馆项目。

（三）实行对口支持、扶贫攻坚的政策

经济和社会的发展决定了民族体育的发展，在发展民族地区经济与社会事业进程中，我国政府积极推进东部发达地区对西部地区进行对口支援与技术合作，这一重大创举极大地促进了西部民族地区社会的发展。其确定了北京帮扶内蒙古、山东帮扶新疆、广东帮扶广西、福建帮扶宁夏、上海帮扶云南、天津帮扶甘肃、辽宁帮扶青海、全国支援帮扶西藏的对口支持格局，极大地促进了少数民族地区经济社会与体育事业的快速发展。

（四）坚持实事求是、因地制宜的方针

在发展民族体育事业的工作中，我国除了从人力、物力、技术上积极扶持民族地区体育事业的发展之外，还强调将国家的体育扶持政策与民族地区实际相结合的发展原则，做到分类指导、扬长避短、发挥优势、突出实效。鼓励各民族地区能根据本地的自然环境、社会环境和传统体育资源来开展富有地域特色与民族风格的体育健身活动，进而促进民族地区的体育的发展。

（五）大力开展民族传统体育的挖掘、整理与提高工作

民族传统体育是中华民族传统文化中的瑰宝，其融竞技性、娱乐性、艺术性、地域性于一体，有着独特的民族风格和多彩的运动特征，这些都极大地丰富了中华民族传统体育的文化宝库。

对民族传统体育进行挖掘、整理和发展向来是我国政府所关注的。《中华人民共和国体育法》第十五条规定："国家鼓励、支持民族民间传统体育项目的发掘、整理和提高工作。"2005年，国务院颁发了《关于加强保护文化遗产的通知》，这一通知指出："保护文化遗产，保持民族文化的传承，是联结民族情感的纽带，是增进民族团结和维护国家统一及社会稳定的文化基础。"国家体育总局也在《2001—2010年体育改革和发展纲要》中提出："进一步发挥少数民族地区的优势，开发民族体育资源，做好民族传统体育项目的挖掘、整理和推广工作。少数民族地区要把发展民族传统体育与增进民族团结联系起来。"

在1985～1990年，为深入发掘、抢救散落在各地乡野、民间的少数民族体育文化遗产，国家组织了声势浩大的民族民间传统体育的挖掘、整理工作。在这五年的工作中，共收集到977条目的民族体育，其中少数民族体育676条目，汉民族体育301条目；并且编辑出版了《中华民族传统体育志》，逐步实现与完善了中华民族传统体育文化体系的构建与整合，引起全世界的瞩目。

（六）坚持举办四年一届的全国少数民族传统体育运动会

要想扩大民族传统体育的影响力，莫过于举办全国性的体育集会，在举办全国性体育集会的同时，又能为民族传统体育的发展提供绝好的机会，因此，应该坚持不懈地进行举办全国性的体育集会。

自新中国成立以来，我国已举办了多次全国少数民族传统体育运动会，这一全国性的民族体育综合运动会是世界上绝无仅有的，极大地推进了民族传统体育的科学化、规范化发展。在民族传统体育运动会的项目设置中，国家体育部门依据少数民族传统体育固有的文化特质和多样性的运动特征，不但设置了具有现代竞技特征的民族体育竞赛项目，还设置了大量具有丰富民族风格与地域特色的体育表演项目，汇聚了 55 个少数民族的传统体育活动，使它们能够尽情地在世人面前展现，彰显了我国民族传统体育的绚丽光彩，这一全国性体育集会的举办，充分调动了各族人民继承、发展本民族优秀体育文化的积极性，为民族体育的发展创造了机会。

伴随着全国少数民族传统体育运动会的不断举办，参赛的运动员也越来越多，比赛项目的设置也更为丰富，运动会的规模和影响也越来越大，逐步成为全国民族大团结的体育盛会和推进世界体育文化多样性发展的特殊典范。

第三节　立足现实、促进东西方文化交融，走向世界

一、立足现实、以"我"为主，促进东西方文化交融

伴随着世界人民对奥林匹克运动的推崇，其以多元化的发展理念实现了全球化，并逐渐成为世界体育文化的主宰。在社会的各个领域中，几乎都能看到奥林匹克精神，奥林匹克精神之所以具有如此强的渗透力，其原因就在于其本身所体现的文化内涵与世界文化发展相适应。我国的民族传统体育文化是我国各少数民族在长期的生产、生活中所积累下来的精华所在，在民族传统体育的产生、发展与形成过程中，其在人们的生产、生活中扮演着非常重要的角色，除了让人们表达情感、娱乐生活之外，其还包含和折射着我们民族不同社会时期的文化、政治、艺术、宗教、民族审美心理等。

如今，我们要发展的传统体育是仍然"活在"人们生活之中的传统体育活动，而不是古代文章典籍所记载的东西。传统体育活动是民族文化的反映，同时也是世界民族文化的重要组成部分。如果仅以奥运会项目来衡量一项民族传统体育的价值，那么是不正确的。虽然很多民族传统体育项目不能成为奥运会比赛项目，但是其独有的文化底蕴使它成为人类广泛交流、共享利用的文化资源。因此，我们应当立足现实，把今天人们仍在实践着的传统体育活动作为起点，以"我"为主，紧紧依靠当代全体中国人民来完成推进民族传统体育现代化建设的任务。

借鉴是促进发展的一个重要方式，但借鉴的过程非常的复杂。由于地域性，以及生活方式等方面的不同，各民族在思维方式和情感方式上都存在一定的差异。民族文化与心理结构的碰撞可能产生两种方向相反的能量转换。因此，我国民族传统体育文化的继承与发

展举步维艰。故此，为使民族传统体育得到更好的发展，首先就需要让其实现其现代化价值，让其在世界体育文化的交流中与西方文化进行交融，使其以独特的文化行为和价值观念，被世界上许多民族逐步接受，成为中外文化交流的桥梁。

民族传统体育在发展中除了要体现其自身的特点之外，还应当具有现代体育的科技因素，也就是说，民族传统体育要在融合于本国家民族环境下的体育发展，要与当前我国社会主义现代化建设的历史任务相一致。当前，我国社会主义建设正处于关键阶段，社会各项事业的发展都离不开科技的支持，因此，在民族传统体育的发展过程中，树立与社会主义现代化建设相融的科学发展观，提高其科学性发展，既可以满足其自身发展的需要，又符合我国社会主义现代化建设的要求。伴随着改革开放的进行，我国民族传统体育文化必将为世界民族文化和体育文化的交流做出更大的贡献。

二、树立以健康为价值取向的文化发展观

我国民族传统体育的产生和发展经过了漫长的时间，其在不同的历史时期所具有的内涵价值也不同。因此，对于我国民族传统体育的发展，我们必须要对其在不同时期的内涵价值有一个正确的认识，并把握其在不同历史时期的价值体系的动态变化，只有这样，我们才能对其在不同历史时期的价值进行定位，进而从整体上把握其发展。伴随着社会的发展和人们生活水平的提高，人们的空余时间也越来越多，体育的功能也逐渐发生了变化，在现代体育中，其娱乐功能日渐突出，以培养人类健康的方式来提供娱乐，并以此作为发展的手段。联合国教科文组织在阿拉木图会议的宣言中也明确指出，现今健康问题是人类可持续发展的核心问题。1995 年，我国国务院颁布实施了《全民健身计划纲要》，这一纲要的颁布是国家发展体育事业的一项重大决策，其是一部在社会主义现代化建设的背景下，面向 21 世纪，发展我国体育事业的重要文件和新时期群众体育发展的纲领性文件。其宗旨是"国家发展体育事业，开展群众性体育活动，增强人民体质。"很明显，在现阶段，全民健身已经成为我国群众体育运动发展的主要趋势和方向，体育与健康也逐渐成为人们日常生活中关注的重点。民族传统体育有着自己的风格和特点，其能够以自己独有的活动来锻炼心智，培养人格精神和道德修养。在全民健身中，民族传统体育的这一特性能使其获得生存和发展，并得到推广，使人们对其的认识更为具体、深刻。因此，我国民族传统体育的发展应顺应社会和国际体育环境发展趋势和走向，建立以健康为价值取向的文化发展观，将民族传统体育自身所具有的健康、娱乐价值功能充分发挥出来，使民族传统体育内涵的积极和谐的健康价值观念融于人们的日常生活中，为人民大众提供和谐健康的体育运动文化理念。同时抓住机遇，为我国民族传统体育的继承与发扬，寻求无限的空间与机会。民族传统体育与全民健身事业的统一，是民族文化与体育文化发展的价值回归。

从某种意义上来说，民族传统体育项目在全民健身中的开展程度对民族传统体育的发展有着极大的影响。在民族传统体育中，中华武术具有较大的影响和优势，是中华民族传

统体育积极实施的先行项目。这是因为，围绕中华武术来构建活动内容系统是全面健身计划的必然选择，其原因在于中华武术有着非常悠久的历史，具有鲜明的民族特色和广泛的群众基础，而且在健身养生方面，中华武术也有着独到的见解，符合现代社会发展对人的要求，另外，更重要的是中华武术博大精深，具有丰富的文化内涵，能够将多种活动内容与形式整合在一起，将相同文化背景的全体国民团结起来。中华武术的这些优势极大地推进了全民健身计划的实施。众所周知，教育是发展民族传统体育的基础，其能为民族体育的提高提供强大的后援，因此，努力培养具有民族传统体育专业知识的人才，能够为民族传统体育的发展提供科学发展的动力，促进民族传统体育的推广。

三、在发展中坚持变与不变的统一，面向未来，走向世界

伴随着体育的全球化发展，我国民族传统体育受到了西方体育的极大冲击，曾一度使民族传统的发展落于低潮，但是，在这一过程中，虽然民族传统体育发展的处境堪忧，但其已逐步实现和体味出它的世界性和全球性。在现阶段，西方体育的全球化程度非常高，虽然民族传统体育受到来自各方面的挑战，但它仍有充分的存活理由。现代体育是从民族传统体育中发展而来的，以现代竞技体育为母体的奥林匹克运动能发展到今天的辉煌与规模，最初都是在民族传统体育的基础上发展起来的。

在体育全球化的文化发展环境中，虽然民族传统体育具有原时代性、地域性和民族性的内涵，但是，它会在与不同文化的交流中，改变其内容和形式。因此，在民族传统体育的发展过程中，我们不应坚持传统所设定的固有环境，而应有所改变，只有这样，才能使民族传统体育获得真正意义上的发展。另外，在西方体育文化全球化的同时，我们应该看到以西方文化为主导的现代体育并不是世界体育发展的理想模式，在以往，虽然我国全方位、多层次地研究和改造了一些民族传统体育项目，例如武术、围棋、象棋、龙舟竞渡等，但我们民族传统体育文化的民族审美心理定式及基本精神实质并没有发生根本性的变化。实际上，我国民族传统体育走向世界的愿望，并不是与西方体育进行同化，追求与西方体育一致的标准，而是希望能够将我国民族传统体育文化的巨大社会文化价值融入奥林匹克运动中，与其平分秋色。

在现阶段，我国的大众体育和竞技体育都取得了极大的成绩，并且继续在沿着健康良好的道路向前迈进。伴随着 2008 年北京奥运会的召开，我国体育研究的科学氛围也更为浓厚，民族传统体育的生存和发展也进入了一个前所未有的时期。我们相信，将民族传统体育的精髓融入奥林匹克运动文化之中，借鉴现代体育的优秀成果，在发展中坚持变与不变的统一，面向世界，面向未来，必然能实现民族体育的现代化，获得健康、持续的发展。

第八章 我国体育文化产业的发展研究

新时期，促进体育事业的发展是我国强国战略的一个重要内容。经过一段时间的发展，目前我国已经形成了较为完整的体育产业结构，体育产业各部分处于稳步发展的过程中。本章主要就我国体育产业的多元发展与运营进行系统研究，分别对体育用品业、体育广告业、体育彩票业、体育传媒业以及体育场馆的发展进行详细分析，结合我国体育产业发展现状，对各产业的科学化运营策略进行探索与思考，为未来我国体育产业的科学发展提供方向指导与实践参考。

第一节 体育用品业的发展与运营

一、体育用品的概念

所谓体育用品，是指从事体育活动所使用的所有物品。体育用品包括体育商品。

体育用品业所指的"体育用品"一般指体育商品，它除了具有和一般商品一样的特征和属性外，还具有以下特殊内涵。

（1）具有鲜明的体育色彩。体育用品的使用具有一定的活动条件限制，即其是专门从事体育活动的过程中才使用到的。专业的体育用品具有体育属性，与体育密切相关。

（2）具有较强的体育专业性。体育活动消费与其他内容和形式的消费相比，具有一定的专业技术要求和安全要求，因此对体育用品的质量和专业性要求更高，在产品的材料、规格、质量、技术标准等方面要求严格。

（3）具有高消费品属性。体育用品业中的体育用品属于消费品范畴，体育用品不是生活必需品，但是此类产品却在使用过程中损耗程度大，更新换代快，因此需要消费者有一定的资金基础。需要注意的是高消费品并非奢侈品，而是一种发展型、享受型的消费品。

二、我国体育用品业的发展

体育全球化已经成为当前体育产业发展的一个重要趋势，在全世界范围内，新科技革命和产业结构改变了国际体育产业分工，发达国家的体育用品业发展主要以高新技术为基础，而我国的体育用品业主要集中在制造业方面。

我国体育学者根据我国的体育产品在国民经济核算体系中的分类，将不同体育产品划分到不同的行业，体育用品市场庞大，很难通过系统的统计（如国家统计局发布的统计年鉴）来了解体育用品市场发展情况，这里重点从以下几个方面对我国体育用品的发展情况进行详细分析。

（一）体育用品企业所有制结构

现阶段，我国正处于社会经济转型期，市场经济发展已经基本完善，整体来看，我国体育用品企业呈现混合所有制特征。

具体来说，在我国体育用品企业中，既有国有企业，也有民营企业；既有中资企业，也有外资企业。整个体育用品经济中，非公有制经济占有很高的比重。这在很大程度上说明了我国体育市场发展的完善，政府在体育市场中的干预较少，体育用品市场开放性强，体育市场自由发展程度较高，体育用品企业的竞争力和以前相比具有很大幅度的提升。

（二）体育用品市场的产品结构

目前，我国体育用品企业生产的体育用品主要有运动服装、运动器械及器材、户外运动、娱乐及场地设备、科研测试器材、运动装、奖品、运动保健品等 11 大类产品。

整体来看，我国体育用品结构较为完整，基本无缺项，只是一些高端的以及科技含量比较高的体育用品和器材比较缺乏，如户外航海、航空器材，运动队的一些专用训练和测试器材等。

（三）体育用品的标准化程度

与国外体育发达国家相比，当前，我国体育用品标准化程度还很低，达到国家标准（GB 国家强制标准或 GB/T 国家推荐标准）、行业标准（QB 轻工行业强制标准或 QB/T 轻工行业推荐标准）的产品比例均不超过 25%。国内体育用品用于国际正式比赛的产品数量和种类也非常少。

不仅在体育产品质量方面，在体育产品的其他标准，如环保标准、定价标准、社会标准等方面，我国体育用品也相对比较落后，与发达国家相比差距较大。

整体来看，我国体育用品在国际体育用品市场上的标准化程度较低、不具备竞争优势。对此，必须从国家和行业标准入手，提高体育产品的质量和技术含量。

（四）体育用品博览会的发展

近年来，我国体育产业发展迅速，体育用品博览会呈现出良好的发展态势。

中国体育用品博览会（体博会）是我国知名的体育博览会，从 1993 年开始举办，每年举办一届，从第 9 届开始改为中国国际体育用品博览会（China Sport Show），截至 2017 年，中国体育用品博览会（体博会）已经成功举办了 35 届。

目前，中国体博会是中国唯一的国家级、国际化、专业化的体育用品展会，也是亚太地区最大的专业展会，体博会依托主办方强大的行业资源优势，助力中国体育品牌走向世界，对中国体育产业的发展起到了重要的推动作用。

整体来看，我国人口众多，近年来，人民群众参与体育的热情高涨，国内体育市场发展空间较大，我国不仅是一个体育用品生产大国，也是体育用品消费大国。现阶段，我国体育用品业已经进入了稳步增长的时期。

三、体育用品的营销管理

对于体育用品经营主体来讲，营销管理主要由企业营销部负责，通过制定和实施营销计划，与生产部门确定产品生产进程、与销售部门合作销售产品，进而完成产品营销管理。体育用品的营销管理要素及管理过程具体分析如下。

（一）制定营销计划

在体育市场中，企业销售部门的销售计划制定通常是将一个工作年分为上下两个半年来进行的。以次年 2 月份生产新产品为例，合理营销计划时间安排具体如下。

（1）本年度 9 月份：召开产品概念会议，进行设计论证。

（2）本年度 10—11 月份：召开产品营销计划会议，确定重点营销产品，进行产品推广和宣传。

（3）本年度 12 月份：召开产品销售会议，确定产品的产量、定价、营销策略等。

（4）次年 1 月份：召开产品销售会议，设计推销使用材料和产品样品。

（二）确定营销策略

不同的体育用品，风格特点不同、针对的消费人群不同、种类也不同，因此，产品的生产、促销、细分市场、销售渠道、销售策略等也不同。对此，企业的营销部门应结合产品特点和企业发展要求，制定合理的营销流程与营销策略。

（三）进行营销预算

对于体育市场主体来说，其经营管理的目的就是为了获得最大经济和社会效益，而在体育产品没有销售兑换成企业营利资本之前，是需要投入一定的企业资源进行市场营销（如投入一定的资金进行产品的广告宣传与推广、降价促销、有奖销售等）的。这就涉及企业的投入和营利问题。

一般来说，合理的营销预算应以销售预期为主要参考依据，按实际销售收入的 10%组织营销活动，既要给出总的预算额度，还应科学制定每一个分项预算。

体育产品营销预算可以通过以下公式简单进行：

产品营销预算＝市场零售价＋生产厂收入＋特色店平均折扣＋特色店进价＋从零售价

中减去特色店折后价

平均营销投入＝（预计销售收入＋单位产品的营销预算额）×产量

（四）确定产品生产日期

这里有必要先对生产日期进行说明，对于体育生产企业来讲，生产日期并非产品的真正生产日期，而是指产品的上市的销售日期，准确地确定生产日期（旺季或淡季）将直接关系到产品的日后营销情况。因此，体育产品生产企业应根据企业的具体情况和发展目标合理确定生产日期，抓住最佳销售时间。

四、体育用品的科学化运营

（一）顾客至上

在市场经济中，顾客就是上帝。当前，体育用品市场已经转变为企业根据消费者的选择来进行生产经营产品的买方市场。任何一个企业要想得到良好的发展就必须以顾客的需求为经营管理导向，以顾客满意为企业提供产品和服务的宗旨，通过顾客的反馈，来加强和完善企业的管理，进而使企业始终保持良好的竞争实力。

1.营销过程要充分考虑消费者因素

就体育市场发展来看，消费者在整个体育用品市场中掌握着主动权。因此体育用品的生产、经营、管理、销售等必须充分考虑消费者的需求。

随着我国体育消费的大众化发展，人们的体育消费观念和以往相比有了很大的转变，体育消费者购买体育用品不仅仅是单纯地满足健身需求，还通过购买体育用品来体现自我价值。因此，体育用品企业应树立顾客至上的营销理念，在产品的设计、生产中帮助消费者实现其运动价值和体育目的。

2.满足消费者个性化需求

体育用品的生产其根本目的是进行销售来获得经济利润，因此，要想适销对路，就必须针对消费者的消费需求来进行产品的设计、生产、包装、宣传和销售。

传统体育用品市场中，消费者对体育用品的需求一般停留在比较低级的层次上，只要满足使用即可，在这样的情况下企业的市场营销过程也比较单纯，企业在市场调研的基础上，根据调研结果设计、生产产品，最终通过销售渠道将产品推向各细分市场。这种营销模式中，消费者的选择常处于被动地位。

现代体育用品市场已经转化为买家市场，消费者的需求多元化、个性化特点突出，传统的市场营销中企业无法了解和满足消费者的独特需求，不能满足消费者的个性需求。因此，必须转变营销方式，按照消费者的意愿设计、生产、推广和销售产品。为消费者提供能满足其个性化需求的商品。

信息化时代，各种信息传播迅速，这就为企业充分了解不同消费者的需求提供了便利。

例如，企业通过网络营销方式不仅能降低企业销售成本，还能与消费者交互沟通，使消费者既可以接受信息又可以发出信息，形成生产者与消费者之间积极的双向沟通和交流，为企业的设计、生产切实地体现消费者的利益，满足消费者的个性需求提供了重要的信息和数据。

3. 以消费者接受为价格底线

对于大众化的体育用品来说，价位既不可多而复杂，也不能以运动服装营销为例，一般运动服装专卖店的服装定价从几十元至几千元不等，实际销售中，畅销服装的价格应在100～600元，这样既能满足绝大多数顾客，又可以照顾到少数人的高端需要，但是需要注意的是，服装店中的极端（包括高端和低端）服装价位的产品应占较小的比例。

在销售淡季和新产品上市初期，企业可以通过各种促销策略对产品进行销售，以调整商品结构、处理过时商品、刺激消费者购买欲望。促销价格的设置具有一定的科学依据，一般来说，降价幅度不可过大也不可过小，注意合理掌握促销价格幅度。研究表明，专卖商店降价30%～50%较为适宜，暴利商品价格的降幅可达60%～70%。由于不同类型体育用品专卖商店的销售时机、频率和速度不同，但一般不超过总销售时间的30%，否则就会影响企业在消费者心中的形象，使消费者认为企业产品低端，进而会影响到企业的经营目标。

总之，体育用品的运营过程必须贯彻以顾客需求为出发点的营销思想，只有满足顾客的消费需求，才能刺激顾客消费，才能实现企业的经济和社会效益。

（二）服务周到

市场营销学认为，在任何一个产业中，消费者对品牌的忠诚度都非常重要，因此要想留住消费者，必须要为消费者提供周到的服务。

市场调查显示，消费者往往根据兴趣及消费习惯选择固定的商品品牌或企业产品，极少有消费者不停地更换和适应新的产品供应商，因此，只要企业在产品服务上肯用心思，就能保留甚至扩大消费人群，占有更大的市场份额。当今市场竞争激烈，企业要想抓住和吸引消费者的注意力，培养消费者对产品的忠诚度，就必须为消费者提供方便的购物方式，做好前期推广和售后服务，培养具备重复购买的忠实顾客群体。

信息化时代，消费者外出购物时间的日益减少，网络营销作为一种新的营销模式发展迅速，要求企业能以快捷、方便的购物方式和服务来为消费者提供便利，满足消费者消费需求，使消费者能成为企业固定产品品牌的忠诚客户。

（三）关系营销

所谓关系营销，具体是指企业建立、维护、巩固与其利益相关者之间的关系，使企业在与各方的协调关系中实现营销目标。

体育用品产业链上，包括体育用品生产企业、供应商、中间商、竞争者、消费者，在产业链周围还有社会组织、政府等利益相关者，这些组织和单位共同构成了影响和制约企业发展的外部社会环境和经济环境，企业的生存和发展要充分考虑其与不同利益主体之间的关系处理。

企业要想在市场中立足，并具有良好的竞争力，就必须适应外部环境，并不断地改善外部环境，将企业的营销和管理视为一种关系行为，使企业与市场中相关利益主体保持良好的发展关系，以实现企业的长久发展。

（四）选择与体育相关的经营口岸

经营口岸，简单来讲，就是企业产品销售站点，合理选择销售站点对于产品的销售具有重要影响。销售站点地理位置好，周围消费人群多且集中，自然就利于销售。

一般来说，在商业经营场所地点的选择上以及体育用品市场的营销中，应选择与体育相关的经营口岸。体育用品的经营口岸应选择在经常开展体育活动和体育活动人群集中的体育活动圈内，如靠近体育场馆、体育院校等。以充分利用这些地方良好的体育氛围和便利的购物条件带动产品的销售。

第二节　体育广告业的发展与运营

一、体育广告的概念

体育广告是指以与体育有关的形式（如体育活动、场馆、运动员）为媒介，将和体育有关的商品和服务等信息传递给经营者和消费者的营销手段和方式。

体育活动形式多样，内容丰富，因此可利用的广告媒介和形式也十分多样，故而体育广告可以分为多种类型，如场地广告、路牌广告、冠名广告、奖券广告、明星广告、气球广告、啦啦队广告、背景台活动广告、印刷广告等。

二、我国体育广告业的发展

（一）广告意识不断增强

改革开放以前，我国的生产力落后，生产社会化的程度不高，商品实行计划供应，体育产业规模化较低，广告意识不强。

随着改革开放和社会主义市场经济体制的逐步建立，我国广告业发展迅速。

2008 年北京奥运申办成功后，我国体育赛事明星增多，体育产业发展迅速，体育广告业也获得了较快的发展。后奥运时代，我国实施体育强国战略，体育事业发展迅猛，体育广告更是以惊人的速度迅猛发展起来。

当前，我国的体育广告正处在方兴未艾的阶段。在全国范围内，各大体育活动和赛事为体育广告经营单位提供了良好的经营机会。体育广告业已经发展成为我国体育产业的重要组成部分。

（二）体育明星代言增多

近年来，随着我国竞技体育的快速发展，体育广告的资源越来越丰富，众多体育明星纷纷进行广告代言，且广告内容涉及社会生活的方方面面。

越来越多的企业热衷于找体育明星进行广告代言，每一次大型赛事之后，都又一批新的体育明星代言的广告涌入市场，据不完全统计，我国已经有 12 个项目的 50 余位体育明星做了广告或广告代言，包括运动员、教练员。明星代言中，广告品牌中占据前三位的体育产品分别为运动服装（31%）、饮料（16%）、药品（10%）。

值得注意的是，体育明星代言虽然参与品牌多，看似百花齐放，但实际上"同质化"太严重，往往是明星亮相再加一句广告语，缺乏新意，体育广告"小规模，熟面孔，老路子"的状态对体育企业的发展制约严重，也不利于体育广告业的良性发展

（三）体育广告的法律约束更严格

2010 年 3 月 19 日，国务院颁布《关于加快发展体育产业的指导意见》中强调，要协调推进体育产业与包括体育广告在内的相关产业互动发展。

2015 年 4 月 24 日，十二届全国人大常委会第十四次会议表决通过了新修订的广告法，新《广告法》在 2015 年 9 月 1 日起施行，这是我国广告法实施 20 年来首次进行修订，对进一步规范商家和明显的广告行为具有重要监管作用。

新《广告法》从以下几个方面对体育广告进行了约束。

首先，新《广告法》第 38 条第 1 款和第 62 条第 3 项规定"广告代言人不得为未使用过的商品或服务作推荐、证明"。

其次，新《广告法》第 38 条第 3 款和第 62 条第 4 款规定，"关系消费者健康的商品或服务的虚假广告，造成消费者损害的，或明知广告虚假仍作推荐的，代言者与广告主承担连带民事和行政责任"。

最后，新《广告法》规定，医疗、药品、医疗器械和保健食品等不得用广告代言人做推荐、证明。

虽然我国还没有专门针对体育广告的法律法规，但是新《广告法》的颁布为明星代言敲响了警钟，明星代言广告成为一项法律。新《广告法》实施以后，我国体育明星代言鱼油软胶囊、滴眼液等行为已经被完全禁止。

三、体育广告的经营策划

（一）体育广告计划的制定

体育广告计划制定是广告经营单位开展广告营销活动的主要依据，计划应包括以下几方面。

1. 体育广告资源的分析

（1）分析体育赛事或体育组织的性质。

（2）分析信息传播的途径和范围。

（3）分析影响人群、影响地区。

（4）分析体育活动的开展时间。

2. 企业目标的分析

（1）分析企业的市场定位、市场营销、发展规划。

（2）分析企业的近期市场规划。

（3）分析企业的营销传统、营销手段。

（4）分析企业的目标市场、消费者特征等。

（5）分析企业的地理位置、周边环境。

3. 体育广告目标

体育组织充分利用现有和新开发的体育资源，结合以往的营销和本次营销特点确立本次体育广告的目标。目标内容包括媒体参与度（级别、数量）、价格（成本价格、无形资产价格、赞助价格）、目标市场、市场风险等。

4. 体育广告工作机构

根据广告的规模和性质，建立各部门的协作机制，确定直接负责体育广告投放和实施的体育组织和部门，以提高办事效率，最大限度地发挥广告效益。

5. 体育广告方案

结合过去的营销案例和预定的广告目标，对比不同备选体育广告方案的优缺点，选出最佳方案。

（二）体育广告方案的执行

体育广告协议执行的核心任务是落实体育广告的合同条款，保证广告主、代言人、投放媒体等的共同利益的实现。

首先，体育广告经营单位在执行体育广告方案的过程中，为确保体育广告合同的履行，体育广告经营单位应指派专员负责目标企业权益的落实，为目标企业提供全方位的服务。

其次，体育广告合同履行期间，广告经营单位应严格遵循体育广告合同的条款，积极配合合作企业的市场营销活动，只有实现了企业利益，才能实现广告经营单位的利益。

最后，企业要加强对体育广告过程的调控，制定相应的工作进程，配合体育广告的宣传，并经常与广告经营单位进行沟通和联系。必要时，对体育广告协议履行过程中出现的问题进行磋商，及时调整体育广告行为，使各方行动尽可能保持一致。

（三）体育广告效果的评估

广告是企业重要的市场营销行为，广告直接影响到企业的产品和服务销售、影响企业的扩大再生产，因此必须对体育广告的效果进行科学评估，以为之后的企业行为提供参考。

体育广告效果，具体是体育广告作品通过体育广告媒体的传播后所产生的作用和影响，是体育广告消耗和占用社会劳动而获得的有效效果，一般表现为：经济效果（对企业经营的作用）、心理效果（对消费者的作用）、社会效果（对社会的影响）。

体育广告效果评估，是检验企业体育广告活动成败的重要手段，应由体育广告经营单位协助企业进行评估。广告效果评估是一项比较困难的工作，其一，企业在运用体育广告的同时还会利用其他广告营销手段，对市场效果是否是由体育广告引起较难判定；其二，体育广告是一种含蓄性的传播手段，广告产生效果的时间不确定，有可能在短期内就收到效果，也有可能需要持续很长时间后才能有效果反馈；其三，体育广告在促进企业形象、知名度的提高上更多是对消费者心理的影响，很难量化。

鉴于体育广告效果评估的困难性，必须选择有针对性的、有成效的评估方法和评估指标进行科学评估。

体育广告效果评估过程中，为了增加可操作性，可采用具体的评估指标进行评价，通过抽样调查了解以下几项数据。

印刷广告注目率＝接触（注意）广告人数＋媒介发行量 ×100%

电波广告视听率＝收听广告人数＋拥有电波媒介人数（户数）×100%

广告记忆率＝对广告有印象的人数＋接触广告人数 X100%

有条件的体育广告经营单位还可以组织力量或委托专门机构对企业在广告前、后的形象或产品销售情况做专门的市场调查，以具体数据向企业表明体育广告的效益。

四、体育广告科学化运营

（一）加强交流与沟通

加强交流与沟通，具体是指体育广告经营单位和企业之间应加强交流与沟通，这对于体育广告的科学实施和良好广告效益的获得具有非常重要的作用。

在体育广告操作实践中，一些体育广告经营单位在与企业签订广告合同后关系冷漠，非常不利于体育广告的切实落实，也不利于体育广告经营单位与企业的长期合作。

体育广告经营单位与广告商之间是互惠互利的关系，只有双方进行积极有效的互动与配合，确保沟通渠道畅通，才能使体育广告协议双方在问题处理中取得更多共识，达成更多谅解，取得更多成果，才能实现"共赢"。

（二）预防埋伏营销

埋伏营销是一种不正当的市场营销行为。

埋伏营销，又称"寄生虫营销"，具体是指某企业（不正当竞争企业）通过其他形式的广告和推广活动，获得体育广告经营单位认同的官方广告主或赞助商（真正实施体育广告的企业）的关系，误导消费者购买自己的产品或服务。埋伏营销的本质是，不支付广告费用，但通过与体育广告经营单位的联系，迷惑消费者，使消费者误以为该企业就是官方广告主或赞助商。

当前，体育广告业中的埋伏营销多种多样，企业在推广实施体育广告时，一定要预防其他相关企业的埋伏营销行为，一旦发现，一定要积极采取措施制止对方行为、正确引导消费者认真品牌，减少企业损伤。

（三）做好危机公关

体育广告实施过程中，体育广告经营单位和企业都应有危机意识，注意防范风险。一旦体育广告实施过程中出现非正常因素，对体育广告经营单位和企业都有可能产生不良影响，对此一定要慎重，做好危机公关准备。

对于体育广告经营单位而言，体育广告经营单位应加强对体育广告实施管理：首先，选择社会形象较好、经济效益较好的企业，防止合作企业不能及时支付广告费用的问题。其次，监督企业利用体育媒介开展的营销活动，对企业在营销中出现的违规现象要求其及时停止和改正。如广告主出现任何的违法、违纪、违背社会道德等行为，应果断停止与之的联系。

对于投放体育广告的企业而言，在体育广告合同履行过程中，一方面，要加强与体育广告经营单位的及时的沟通和交流；另一方面，应对体育广告过程中可能出现的问题做出预测并制定相应的对策。如果体育赛事、明星代言人、体育媒介、体育广告本身发生问题，要及时做出反应和处理，以消除这些不良因素对企业所造成的不良影响，减少企业损失。

（四）处理好商业化与公益性的矛盾

体育具有经济、文化、教育等多元功能。体育不仅是一种有经济价值的资源，对促进经济发展有着十分重要的作用；还能提高人们的精神面貌、丰富人们的精神生活，是一个具有公益性质的社会事业。对于体育产业经营与管理者来说，不仅要注重经济效益的实现，还要关注社会效益，正确处理好体育的商业化与公益性。

对于广告主（赞助商）和体育广告经营单位来说，要正确处理体育的商业化与公益性应做到以下几点。

（1）以社会的公共利益为出发点，严格按照国家有关法规、规章实施体育广告活动，并对广告主在活动开展期间的违法、违规行为及时予以纠正。

（2）在征得上级及有关部门同意的情况下，正确区分自身所拥有资源的性质、数量，科学实施商业开发。

（3）体育商业开发行为不能仅仅以赢利为最根本目的，应兼顾补贴事业经费、发展体育事业。

此外，体育明星会对社会造成一定程度的影响，对激励全国人民的精神风貌有着重要作用。因此，利用体育明星作为体育广告媒介必须注意社会影响，广告内容必须健康，体育广告实施过程中应加强对代言明星的商业活动管理，既要保证体育广告的正常推广，又不影响运动员的正常训练与比赛。

第三节　体育彩票业的发展与运营

一、体育彩票的概念

我国目前对体育彩票的概念还没有统一的描述，《国家体委 1994—1995 年度体育彩票发行管理办法》指出："体育彩票是指以筹集国际和全国性大型体育运动会举办资金等名义发行，按照特定规则获取奖励权利的书面凭证。"2009 年 7 月 1 日起施行的 5 彩票管理条例 6 第二条对彩票下了全新的定义，体育彩票是"国家为筹集社会公益资金，促进社会公益事业发展而特许发行、依法销售，自然人自愿购买，并按照特定规则获得中奖机会的凭证。"这是我国目前最为权威的关于体育彩票的概念界定。

在国外，体育彩票是指竞猜对象以体育比赛结果为依据的彩票，还有专门为举办大型体育赛事募集资金而发行的彩票。

当前，体育全球化发展快速，体育彩票发行日渐成熟与完善，各种类型的彩票不断被推出发行，不同类型的体育彩票具有以下基本特征。

（1）发行主体为体育管理部门。

（2）发行所取得的资金用于体育事业。

（3）竞猜对象或中奖以比赛结果为依据。

二、我国体育彩票业的发展

体育彩票在我国的发行已有百年历史。旧中国的体育彩票是伴随着西式赛马而产生的。新中国成立后，赛马和马票都被废止。1978 年党的十一届三中全会召开后，我国开始重新发行体育彩票。

目前，体育彩票在体育产业中的地位不断上升，我国体育彩票的市场发展情况具体分析如下。

（一）体育彩票发行和彩票收益金管理

目前，我国体育彩票和福利彩票由国家统一发行，我国体育彩票管理中心是隶属于体育总局的事业单位，带有行政、企业与事业三位一体的特征。彩票收益金由财政部统一管理，并按一定比例在社会各项事业中分配使用。

在彩票发行办法上，我国曾尝试设立彩票发行点和网络发行，2015 年 1 月，财政部、民政部、国家体育总局联合下发《关于展开私行使用互联网出售彩票行动自查自纠作业有关疑问的告诉》，需求各级单位自查自纠网上销售彩票行为。互联网彩票销售终止。

近年来，教育、文化、卫生、共青团、希望工程等很多部门都一再申请发行彩票，但目前并没有实现，也不否认当这种压力不断聚集而达到一定程度时，彩票发行制度会有所改变。

（二）彩票发行发展方向

单独发行彩票是体育部门的重要发展方向之一，中央政府授权体育部门单独发行体育彩票，其有利因素包括以下几个。

（1）全国统一发行，监管较严，社会形象较好。

（2）专项体育彩票发行，如足球彩票、篮球彩票、网球彩票等能大幅度地提高体育彩票的发行收益，有利于刺激大众体育消费，开发体育市场，使体育产业成为新的国民经济增长点。

（3）我国体育基础设施建设需要资金的大量投入，扩大体育彩票的品种以增加彩票发行收益是筹集资金的重要渠道。

体育部门单独发行体育彩票还取决于国家体育总局对体育赛事的赛风、赛纪的整顿成效。如果假球、"黑哨"不断，暴力、赌球频发，那么体育部门单独发行体育彩票就很难实现。

从体育彩票发展的角度来看，体育彩票维持现行发行制度的可能性不大，一方面，体育部门希望得到长期的、稳定的体育彩票发行政策。另一方面，目前，我国彩票业管理体制和发行机制不健全，随着相关《彩票法》或《彩票管理条例》的出台，现行的体育彩票管理体制和发行制度都会有所改变。

体育彩票的发行发展决策权在中央政府。体育彩票是众多国家彩票业的重要组成部分。应在国家相关政策、法律、法规的保护、规范、指导下，进一步挖掘体育彩票市场的潜力。

三、体育彩票的营销

体育彩票营销，具体是指通过消费者购买体育彩票的过程去满足消费者需求与欲望的人类活动。在体育彩票营销过程中，消费者需求是体育彩票影响的根本出发点和归宿点。

我国的体育彩票兴起时间短，且受我国的国情所限，彩票营销还不完善，我国体育彩票的销售方法与技巧具体分析如下。

（一）体育彩票的销售方法

1. 网点式分散销售

网点式分散销售是国际上通用的彩票销售方法。包括两种方式，即固定设奖方式和灵活设奖方式。

（1）固定设奖方式，把奖级、金额、设奖符号直接固定地印在彩票上，网点无权力改变设奖方案。

（2）灵活设奖方式，在彩票上只标示多种设奖符号和安排多种奖等级别，网点可自主制定设奖方案。

网点式彩票销售点遍布城乡，销售普及面广，可减少彩票工作者与城管部门的矛盾。

2. 集中式销售

彩票集中销售即在一个地域内有一个总的销售点，彩票销售集中在一天或几天完成。集中销售彩票具有大奖组、大奖群、突击销售等特点，有利于激发人们对彩票的热情。

（二）体育彩票的销售技巧

（1）做好市场调研。作为一种特殊商品，体育彩票销售首先要研究市场，进行市场调查。对当地国民经济人均产值，政府的认知和态度，从业人口的行业分布，人均消费水平、博彩心理状态等进行系统调查与分析。

（2）做好售前准备。销售彩票前应向当地政府和财政部门申报，取得支持与配合后才能实施销售。销售彩票应制定科学的销售计划，并建立组织，落实职责，保证彩票销售工作的顺利开展。

（3）科学确定奖组。根据实际情况确定基本奖组和组合奖组。奖组规模不能过小也不能过大。奖组过小，不利于刺激销售；奖组过大容易导致彩票滞销。

（4）设奖方案合理。一般来说，应以大奖组织的每一基本奖组为单位或采取人为形式设置好高额大奖。再以组合奖组的方式形成气势恢宏的高奖奖群。

（5）合理选择销售场地。销售场地要能吸引彩票购买人群，交通便利、场地空间合理，并能容纳和从容吞吐购买人群，销售过程中做好现场的管理和安全工作。

四、体育彩票科学化运营

（一）建立科学的销售渠道

体育彩票的销售是以零售的形式进行的，因此在销售渠道上，要重点考虑彩票销售点的合理布局。

目前，我国体育彩票销售点数量庞大、覆盖范围广，但是整体来看布局并不合理，主要表现在区域内体育彩票的销售点的数量分配不均衡。

例如，在一些繁华地区，设立多个销售点，过于集中，导致销售点覆盖消费人群范围不充分；一些销售点设在马路边，流动人口大，但容易造成交通隐患；还有一些销售点依附于某个店面之外，设施简陋，甚至露天营业。针对上述现象，主管部门应加强宏观调控。

（二）建立畅通的沟通渠道

体育彩票的沟通对象包括多个，主要包括彩民、公众、销售员、政府等。其中，彩民是主要的沟通对象。

体育彩票建立通畅的沟通渠道十分必要，具体来说，沟通的最终目的是为体育彩票创造良好的发展环境，培养大量稳定的忠诚顾客。促进体育彩票事业的良性发展。

（三）重视无形资产的开发

品牌是产品的无形资产，好的品牌对消费者具有很强的吸引力，品牌是体育彩票发行销售应该考虑的一个重要因素。

体育彩票的品牌资产体现在多个方面，如形象设计、工作环境、开奖方式的公正与公开、人员的素质与作风、文化建设等。只有具备良好的形象与信誉，才能赢得广大群众的信任，体育彩票的发行销售效果才更理想。

（四）提高从业人员的素质

当前，我国各体育彩票销售点的人员多为自主加入体育彩票销售系统，各销售点人员的业务素质良莠不齐，很多都没有进行过专业的培训，更多的是作为一个销售员存在。

而对于任何一个行业来说，都有其特定的从业要求和管理办法，彩票业也不例外。要促进体育彩票业的可持续发展，必须加强对从业者的管理，提高从业者的业务素质。

第四节　体育传媒业的发展与运营

一、体育传媒业的概念

体育传媒是大众传媒的一个组成部分，是人类传播体育信息的中介。大众传媒的发展为体育传媒的兴起奠定了重要的基础，体育传媒发展迅速，体育竞技、传媒商业运作与广大受众则共同构成了电视媒体体育文化产业，即体育传媒业。

近年来，伴随着我国文化产业与体育产业的发展，体育传媒业也成为媒介产业中一个重要的分支。体育传媒正以一种专业化、深度化的面貌进入体育产业产品生产和市场交换的中心，成为我国体育产业发展的重要支撑力量。

体育传媒业包含两层含义，具体分析如下。

（1）体育媒介。指与体育产业有关内容及相关行业、辅助科研为主要报道内容的专业媒体。

（2）体育媒介所形成的产业分支。体育传媒业是媒介产业的重要组成部分，体育媒介赋予了"体育传媒业"媒介特色。

二、我国体育传媒业的发展

中国体育专业媒体的发展主要包括电视媒体和平面媒体的发展。

（一）体育电视媒体

电视媒体方面：中央台体育频道自从建立之初就确立了自己的霸主地位，各地方台受到中央台和境外卫星电视体育频道的影响，专业性与及时性相对较差，发展空间不断被压缩，而且各地方台之间竞争激烈。

随着我国体育产业的迅速发展，近年来，默多克的 ESS 在中国大陆已经经营了很多业务，国外有经验的、先进体育传媒的介入，在一定程度上会对中央台体育频道的霸主地位产生冲击作用，同时，我国各地方体育台的生存将更加艰难。

（二）体育平面媒体

相对于电视媒体，我国平面媒体的发展时间较晚，但是发展迅速，并在影响力上逐渐超越电视媒体。

首先，体育报纸媒体无须花费巨资购买赛事报道权，只要向赛事组织机构申请采访权就能够获得相关的赛事信息。因此，体育报纸媒体就可以将自己的精力完全放在报道人员的运用和独特的经营体系上。

其次，信息化时代，随着网络的发展，观看电视节目的人口数量在逐渐下降，而网络媒体、手机应用媒体在人们日常生活中发挥着越来越重要的作用，方便快捷、发布实时、交互性强是网络媒体的最大优势。

总体上来看，中国体育传媒的竞争力还不高，没有在世界范围内形成广泛影响的体育媒体，针对这一现状，中国体育媒体要想紧跟世界体育业的发展潮流，就必须向欧美体育传媒集团虚心学习，加强与国际知名体育传媒之间的交流与合作，同时，开发本土优势，整合媒介资源并与体育紧密结合。只有这样，才能促进我国体育传媒业的不断进步与发展。

三、体育传媒科学化运营

（一）体育赛事转播

赛事转播权是体育组织非常重要的一种无形资产，具体是指体育赛事主办方对比赛进行的电视报道的许可和由此而带来的经济价值所拥有的权利。

赛事转播权的开发遵循媒介开发特点主要表现在以下几个方面。

（1）协商购买。买卖双方相互购买。该方式既能保证电视转播权销售取得最大经济利益，又能使体育比赛得到最广泛的报道，扩大体育赛事影响力。

（2）广告置换。体育赛事组织者不直接收取电视机构的资金，而是以等价的广告时段来交换。

（3）招标。电视机构为展现自我形象、彰显实力、赚取利润，从而参加转播赛事招标。

（4）集中销售。体育赛事的组织者有足够的实力与电视机构打交道，有助于获得理想的转播权销售价格。

（5）中介运作。体育赛事组织者委托中介机构销售电视转播权，被国际单项体育组织和体育协会所采用。

（6）一揽子计划。将几届体育赛事同时打包进行销售。

（二）体育赛事赞助

体育赞助是企业对体育活动、组织或个人的投资。赞助对象可以是一个人（运动员）、一场比赛、一个俱乐部、一个体育协会、一个运动队或比赛转播。

体育赞助的内容主要包括比赛冠名、赛场周围广告牌、赛事商标使用权等。

在体育传媒运营中，体育赞助可以扮演双赢角色。赛事赞助是各类体育主体重要的经济来源，是各类体育俱乐部赖以生存的主要经济基础，同时，给无数企业带来了巨大的商机，能为企业树立良好的品牌形象，帮助企业借助体育活动效应提升品牌的知名度和美誉度，帮助企业获取经济利润。

（三）体育明星运作

体育明星是体育媒介的重要组成部分，企业可以运用体育明星的明星效应来提高自己的产品知名度，因此，体育明星具有重要的商业价值。

企业与体育明星合作，开发体育明星商业价值，主要应从以下三个方面进行考虑。

（1）体育明星的名气和声望。企业应从运动员所从事的运动项目以及所取得的运动成绩两方面来体现。比较热门的体育项目，其金牌含金量较大，而比较冷门的体育项目则难以引起企业的关注；取得优异成绩或者多次取得优异成绩的运动员的商业开发价值更大，更能受到企业的青睐。

（2）体育明星的气质及个人魅力。通常来说，越具有个性的体育明星就越容易得到企业的青睐。

（3）体育明星的气质、内涵是否同企业的个性相吻合。如果强行将某个体育明星同与其完全不相干的企业拉到一起，则不可能收到理想的品牌代言效果。

近年来，我国也有一部分优秀运动员开始利用自己较高的知名度来进行商业广告市场开发，如创建品牌、开办公司、进行商业代言等，但是，目前我国仍然处于体育市场经济开发的初级阶段，而且我国的体育体制尚不允许服役的运动员脱离体育组织单独参加商业活动，体育明星的商业运作还有很多问题需要研究。

第五节　体育场馆的发展与运营

一、体育场馆的概念

体育场馆是体育场和体育馆的总称，是供人们进行各类体育活动的空间及其附属设施所构成的环境的总称。体育场馆主要包括对社会公众开放并提供各类服务的体育场、体育馆、游泳池，体育教学训练所需的田径棚、风雨操场、运动场等。

体育场馆的建设与运营具有重要的体育和社会价值，它能充分满足不同体育人群运动训练、运动竞赛和大众体育消费需要。体育场馆是开展全民健身活动和竞技体育比赛的必不可少的设施，是发展体育产业的重要载体。

二、我国体育场馆的发展

（一）体育场馆相关法律法规

新中国成立以后，党和政府非常重视我国体育事业的发展，我国体育事业发展迅速，体育基础设施建设不断扩大与完善，我国体育场馆日益增多，针对体育场馆的管理也日益规范。

近几十年来，我国在体育场馆方面颁布的相关法律法规获得了最为全面、系统化的发展，内容涉及体育场馆的方方面面，从20世纪最后十年到21世纪的前十年间，我国体育场馆相关法律法规的颁布频率比以往任何一个时期都要高，这充分说明了我国对体育发展的重视，尤其是对于公共体育基础设施建设的重视，反映了我国对群众体育参与的关注与重视。

（二）体育场馆运营政策

现阶段，我国公共体育场馆存量与增量巨大，数量已经满足了大众体育活动的基本需求。但是，体育场馆的运营效率并不高。

随着体育强国战略的实施，如何充分利用体育资源，如何进一步提高体育场馆的服务质量和利用效率，推动我国群众体育事业的发展成为一个新的体育热点。

为了进一步提高我国体育场馆的服务、经营管理质量和效益。我国先后颁布和实施了相关政策，推动体育场馆的科学化运营，但是，现阶段，我国体育场馆运营方面政策还有许多不足之处，具体表现在以下几个方面。

（1）政策内容方面，缺少宏观完整的体育场馆政策法规。

（2）政策层次方面，缺少体育场馆的全国性政策法规。

（3）政策实施主体方面，缺少将体育场馆作为独立对象的专门性政策与法规。

（三）体育场馆财政管理

现阶段，我国体育场馆相关财政政策内容体系框架主要包括如图 7-1 所示的五个部分。

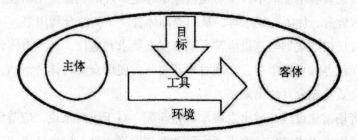

图 7-1 我国体育场馆相关财政政策内容体系框架

在我国体育场馆相关政策所涉及的管理系统要素中，各要素的具体内容分析如下。

（1）政策主体：直接或间接参与体育场馆财政政策制定过程的个人、团体或组织。

（2）政策客体：体育场馆财政政策的作用对象，体育场馆的物品、外部效应、利益群体。

（3）政策目标：对市场失灵的领域进行行政弥补与调控。

（4）政策工具：具体指体育场馆财政政策的手段、措施，宏观来讲主要包括财政预算、财政支出与财政收入三个部分，具体涉及各种税费。

（5）政策环境：具体指体育场馆财政政策的相关财政政策的制定、执行等环节过程中的影响因素，如政治、经济、文化环境等因素。

（四）体育场馆的市场经营

近年来，我国体育场馆种类众多，数量增长速度快，但是利用率并不高，市场经营效果不甚理想，很多体育场馆的设计和规划都不合理，体育场馆的经营模式单一，体育场馆的经营的自主"造血"能力差，地方政府财政负担重。

随着体育产业进程的加快，我国体育市场日渐成熟，我国一些体育场馆虽然按市场机制进行了管理、经营创收和运作，在一定程度上扩大了体育场馆经营的社会开放程度，但多数体育场馆经营的收入状况并不理想，需要依靠政府拨款补贴经营亏空。

经过不断探索与发展，在经营项目的投资、引进以及管理等方面，我国体育场馆已经由原来的政府单一型形成政府、社会、体育场馆、个人、外资等多元化的经营参与局面，但是这些体育场馆在全国范围来看比例较低，其他体育场馆应该积极改革经营方式方法、实现自身的经营管理制度的完善，以适应市场发展，实现多元经营与管理，提高自我"造血"功能，不再依靠政府补贴，目前来看，这一愿景还需要比较长的一段时间才能实现。

三、体育场馆科学化运营

（一）结合城市发展科学规划建设场馆

首先，在设计体育场馆方案，尤其是设计大型体育场馆方案时，不要只注重新颖、奇特和个性，这样无疑会增加成本，要对场馆除举办赛事外的其他使用功能和经营需要进行充分的考虑，如健身、休闲、娱乐等，从而提高体育场馆的综合利用率。

其次，体育场馆的规划与建设应符合城市发展要求和定位，与城市体育人口的体育需求相符合，能在承办体育赛事后，实现对外开放，方便群众参与体育活动，将体育场馆的经济效应与社会效益充分发挥出来。

最后，体育场馆建设应与城市发展水平相匹配。对于政府来说，应避免过度追求政绩工程，使体育场馆超出本城市体育发展水平和经济发展水平，以免造成比赛结束之后的体育资源浪费。具体来说，在规划设计与建设大型体育场馆时，要依据的客观因素有本地经济发展现状、居民体育消费水平、承办体育赛事的能力等，对于经济落后地区与城市而言，更应对这些因素加以综合考虑，切不可为了追求大、全而一味增加大型体育场馆的数量，要重视现有体育场馆资源的充分合理利用。

（二）重视赛事的综合开发与高效利用

要想在新环境中快速适应，必须要解放思想，更新观念，勇敢表现自我与超越自我。同样的道理，在激烈的市场竞争中，大型体育场馆要保持与提高自己的地位，就需要更新经营理念，树立新观念，为场馆的赛后运营打好基础。对于大型体育场馆而言，转变经营观需要从以下几个方面着手。

1. 行业策划观念

作为国际顶级体育盛会，四年一度的奥运会、亚运会等具有强大的号召力和吸引力，为举办这些赛事所建设的北京奥运场馆、广州亚运场馆等具有特殊的使用价值，这就使场馆的品牌价值在无形之中得到了提高与延伸，在此基础上，要进一步挖掘这些场馆的赛后利用功能与价值。

2. 战略优势性观念

在对战略优势观念进行培养的过程中，要对掌握重要人才和保持适度集权的机制进行建立，以提高场馆的核心竞争力，促进场馆的持续发展。

3. 专业合作经营观念

大型体育场馆产业化的运作离不开专业化的合作经营，因此要树立整体思想，避免垄断经营。

4. 知识经济观念

社会发展和经济发展都以知识为驱动力，因此要树立科学的知识经济观念。

5. 速度观念

大型体育场馆的产业化运作要力争在速度上占据优势，树立以快取胜的观念，但同时要兼顾基础与质量。

（三）综合利用体育场馆体育资源

首先，拓展体育场馆融资。目前，我国大型体育场馆建设以政府投资为主，具有投资主体单一的缺陷。政府的财政投入在场馆建设的所有资金投入中占主导，显然不符合市场经济下大型体育场馆应具备的运行机制。体育场馆经营与管理必须重视自我创新，在市场经济下，应按照企业之路进行产业化运作，积极吸引社会投资，积累社会资金。增加体育场馆的融资渠道，使场馆运营的投资机制更加灵活，可用资金更充足。

其次，重视人力资源的科学经营管理。在保证接待服务需要的前提下，对员工的合理使用，降低人工成本。在有限的人力资本中提高人力资源的利用率。大型体育场馆的产业化运营中，需要投入多方面的资本要素，其中，智力资本就是一个必须投入的重要资本，因此要树立科学的人才观，充分利用有关人才的智慧及能力，合理配置智力资本，遵循唯才是举、竞争上岗的用人原则。

再次，合理制定体育场馆产品及服务使用价格。体育场馆设施的规模和接待能力对体育场馆的经济效益有着重大影响。其场馆的规模越大、接待能力越强，则客人相对越多、经济效益也就越好。在体育场馆经营中，每个经营的项目价格或收费标准是否合理程度，也会对其经济效益产生较大影响。价格或收费标准的过高或者过低，都会对场馆的经济效益产生影响。

最后，提高体育场馆物力资源使用效率并重视设备设施更新改造。市场经济条件下，体育场馆运营的竞争日趋激烈，大型体育场馆的可持续性发展不能仅依靠政府补贴进行修建与完善，体育场馆也要从自身进行资源有效利用方面的探索，一方面要"开源"，扩大资金渠道为体育场馆建设提供资金支持，另一方面还要"节流"，更新与改造场馆设施，减少不必要的损耗。

（四）改革与创新经营管理体制

改革与创新大型体育场馆的管理体制是建立在改革我国政治与经济体制的基础上的，是体育场馆适应市场经济大环境的科学化运营的基本要求。

当前，我国处于经济社会转型时期，新时期，体育场馆的管理体制的改革与创新应与政治与经济体制的改革进程相适应，适应政治、经济和文化的发展要求。体育场馆在经营管理过程中，应重视管理体制、运行机制的创新，积极建立新兴的管理体制与运动机制进行，使场馆运营与管理适应社会主义市场经济体制，并符合我国国情。

（五）多元化开发经营体育场馆

首先，重视体育场馆市场拓展。在体育场馆的产业化运作中，一方面要以体育产业为主，重视大型体育赛事及活动的引入；另一方面要抓住全民健身活动这一重要机遇，积极开发对大众体育消费市场，对相应的消费者进行大力挖掘。

其次，充分发挥体育场馆功能。大型体育场馆应将自身的长处与优势充分发挥出来，以自身的条件为依据，将体育经营活动作为体育场馆的重心，在体育经营中充分发挥活动体育的经济价值。策划与举办不同规模和类型的体育活动、开展特色经营。

最后，重视体育场馆品牌价值开发。建立体育场馆的良好体育形象，对大型体育场馆的冠名权、品牌体育用品等进行深度开发，发挥体育场馆的资源优势和品牌优势。

（六）重视场馆的安全经营管理

体育场馆或安全事故的预防与及时处理非常重要，可以减少很多事故以及减少处理事故所带来的麻烦和损失，在降低营业成本的同时，提高体育场馆的安全安保形象。

首先，体育场馆应定期对管理和服务人员进行安全培训，建立安全管理制度。体育场馆应以预防为主的安全管理原则，通过培训，使整个团队认识到安全管理、安全服务的重要性，提高工作人员的安全管理意识，保证体育消费者在参与体育活动中的人身、财产安全。

其次，体育场馆应与当地公安、消防部门保持紧密联系。安保部门是专门负责体育场馆安全保卫工作的部门，在为体育人口参与体育提供场地、设施、服务的过程中，应遵守公安部门和消防安全部门制定的相关的治安管理制度和消防安全管理制度，积极接受其部门的监督、检查和指导，为人们提供一个安全的服务场所。

参考文献

[1] 刘万武，民族传统体育理论与项目教学研究 [M].北京：中国水利水电出版社，2014。

[2] 刘少英，民族传统体育学 [M].北京：民族出版社，2011。

[3] 邱丕相，民族传统体育概论 [M].北京：高等教育出版社，2008。

[4] 张选惠，民族传统体育概论 [M].北京：人民体育出版社，2005。

[5] 曲小锋，罗平等，民族传统体育研究 [M].北京：中国商务出版社，2007。

[6] 黄益苏，张东宇，蔡开明，传统体育运动 [M].北京：高等教育出版社，2007。

[7] 刘远祥，体育产业结构优化研究 [M].济南：山东大学出版社，2015。

[8] 曾于久，民族传统体育概论 [M].北京：人民体育出版社，2000。

[9] 蔡忠林，周之华，武术 [M].北京：高等教育出版社，2005。

[10] 徐泽，王春云，李远爽，试论武术运动特点的形成机制 [J].上海工程技术大学学报，2002（1）.

[11] 刘盼盼，中国体育产业结构的演进研究 [D].北京体育大学，2011。

[12] 朱维娜，我国体育产业结构研究 [D].西南大学，2004。

[13] 彭道海，体育彩票销售企业的 SWOT 分析 [J].武汉体育学院学报，2010，1（44）.

[14] 徐丽萍，新时期我国体育传媒业的生存环境研究 [J].南京体育学院学报，2007，6（21）.

[15] 杨倩，我国体育产业结构优化升级研究 [D].上海体育学院，2011。

[16] 刘丽丽，我国体育产业结构现状与优化对策研究 [D].上海体育学院，2013。

[17] 郭玉洁，我国体育产业结构及其优化的研究 [D].武汉体育学院，2013。

[18] 崔俊铭，庞静，新《广告法》对体育广告的影响 [J].新闻战线，2016（03）.

[19] 郁健，曹池龙，我国体育广告现状及对策分析 [J].内蒙古体育科技，2007，3（20）.

[20] 朱小龙，我国体育彩票业政府规制改革思路 [J].武汉体育学院学报，2012，12（46）.